거대한 뿌리, 구미

서명수 지음

서고

거대한 뿌리, 구미

구미국가산업단지와 구미시 전경

• 추천사 •

　구미의 찬란한 역사와 역동적인 현재, 그리고 희망찬 미래를 깊이 있게 조명한 서명수 슈퍼차이나연구소 대표의 역작 『거대한 뿌리, 구미』의 출간을 진심으로 축하합니다. 대한민국 발전의 거대한 뿌리로서 구미가 어떻게 성장해 왔는지 생생하게 증언하며, 그 역사적 의미와 가치를 심도 있게 탐구한 이 책을 독자 여러분께 추천하게 되어 참으로 기쁘고 영광스럽습니다.

　이 책은 유구한 역사 속에서 인재를 배출한 학문과 정신의 고장으로서의 구미, 그리고 '대한민국 산업의 심장'으로 일컬어지며 낙동강을 넘어 '한강의 기적'을 이끌었던 영광스러운 구미의 모습을 입체적으로 그려냈습니다. 저자는 신라에 불교가 처음 뿌리내린 터전으로서 불도(佛道)가 열린 곳이라는 의미를 담고 있는 도개면과 신라 최초의 가람, 도리사에 깃든 깊은 영적 숨결과 함께 조선 성리학의 본산으로서 지혜를 꽃피웠던 선산의 역사를 세심하게 되짚었습니다. 또한 박정희 대통령의 혜안과 리더십 아래 대한민국 근대화의 초석을 다진 산업 현장의 뜨거운 열정을 생생하게 재현하며, 특히 구미 산업단지가 어떻게 '대한민국 산업의 심장'으로서 국가 경제 성장의 중추적 역할을 수행했는지 그 흐름을 설득력 있게 조명했습니다. 여기서 한 걸음 더 나아가, 민선 8기 구미시의 희망찬 비전 '새 희망 구미시대'와 함께 반도체·방산 등 미래 첨단산업을 선도하며 문화와 예술, 그리고 스포츠가 아름답게 어우러지는 21세기 구미의 눈부신 성장 과정까지 섬세한 필치로 담아냈습니다.

<거대한 뿌리 구미>가 더욱 값진 것은 역사적 평가에 있어 냉철함과 균형감을 잃지 않으면서도, 구미가 품은 위대한 유산과 무한한 가능성을 시민들과 함께 성찰하게 한다는 점입니다. 독자 여러분께서는 이 책을 통해 폐허 위에서 '수출입국(輸出立國)'의 깃발을 높이 들고 세계를 향해 담대히 나아갔던 선배 세대의 땀과 눈물, 그리고 그 값진 유산을 디딤돌 삼아 반도체산업과 방위산업 등 첨단산업의 중심지로 힘차게 도약하는 오늘날 구미의 뜨거운 저력을 느끼실 수 있을 것입니다. 이러한 구미의 저력은 민선 8기 구미시가 '새 희망 구미시대'라는 약속 아래 '구미 재창조'를 향해 시민들과 한마음으로 나아가는 변화와 혁신의 발걸음과 그 맥을 같이합니다. 실제로 구미시는 최근 반도체 소재·부품 특화단지, 방산혁신클러스터, 기회발전특구, 교육발전특구와 같은 핵

심 국책 프로젝트를 성공적으로 유치하며, 구미의 밝은 미래 50년을 이끌어갈 새로운 성장동력을 착실히 다지고 있습니다.

구미에 대한 깊은 애정을 품은 저자의 날카로운 시선은 구미가 지닌 다채로운 매력 또한 놓치지 않았습니다. 수려한 금오산의 절경과 유유히 굽이치는 낙동강 물길이 빚어내는 천혜의 자연환경, 구미라면축제와 낭만야시장에서 넘실대는 따뜻한 활기, 그리고 금리단길의 젊음과 세련된 감성까지, 이 책은 '산업도시'라는 강인한 역사 위에 문화예술, 지역축제, 스포츠가 조화롭게 숨 쉬고 있는 '낭만문화도시'라는 새로운 매력을 더해 구미를 입체적으로 조명하고 있습니다. 이를 통해 미래를 향한 구미시의 비전과 희망을 담아내면서, 시민들의 자긍심을 한층 드높여 주고 있습니다.

얼마 전 성공적으로 마무리된 '2025 구미 아시아육상선수권대회'는 구미가 글로벌 스포츠 도시로 힘차게 도약하는 소중한 이정표가 되었습니다. 구미의 국제적 위상을 한껏 드높인 이 대회처럼, 『거대한 뿌리, 구미』의 출간이 이제 막 세계의 주목을 받기 시작한 구미의 도시 브랜드 가치를 더욱 빛내고 그 저력을 국내외에 널리 알리는 데 크게 기여하길 진심으로 기원합니다.

이 책은 구미의 깊은 역사적 가치와 원대한 미래 비전을 동시에 품은 지침서로서, 올바른 방향으로 미래를 향해 나아가기 위해서 역사와 뿌리가 얼마나 소중한지를 다시 한 번 일깨워 주고 있습니다. 이 책이 구미 시민 여러분께는 가슴 벅찬 자긍심을, 구미를 처음 만나시는 독자 여러분께는 깊은 감동과 새로운 발견의 기쁨을 안겨드릴 것이라 확신합니다. 구미의 진면목을 탐구하는 아름다운 여정에 많은 분들이 함께해 주시길 바라며, 구미의 과거와 현재, 그리고 미래를 잇는 든든한 다리가 되어줄 이 귀한 책을 독자 여러분께서 꼭 한번 읽어보시길 강력히 권합니다.

감사합니다.

2025년 06월 20일

구미시장 김장호

목차

추천사 006

프롤로그 012

제1부 박정희 도시

1 구미는 대한민국의 뿌리다   018
2 박정희 도시의 '노스탤지어'   027
3 박정희도시 구미와 중국   035
4 구미공단의 탄생, 산업화의 초석   044
5 구미산단, 첨단·방산산업기지로 변신   053
6 산업화토대 금오공고의 탄생   062

제2부 대한민국의 뿌리

1 조선 초 성리학 본산, 구미   072
2 길재(吉再)의 금오서원   081
3 신라불교 초전지   091
4 동국(東國)최초가람 도리사(桃李寺)   101
5 항일독립운동의 뿌리 왕산 허위선생   111

제3부 구미에서 살까?

1	영남 상징하는 금오산	122
2	낙동강 습지 그리고 매학정	131
3	지산샛강 생태공원	141
4	선산 오일장 장날풍경	150
5	구미에서 놀자	161

제4부 살아있는 도시

1	'라면 먹고갈래?' - 구미라면축제	172
2	금리단길과 새마을 중앙시장	181
3	글로벌스포츠도시 구미	189
4	박정희가 힙한 도시	198

에필로그 207

부록 214

• 프롤로그 •

선산 그리고 구미.

구미의 탄생은 단순한 공단건설을 위한 도시계획에서 비롯된 것이 아니었다.

1969년, 경상북도 낙동강변 한적한 들판.
그곳에 산업단지를 짓겠다는 국가지도자의 결단은
이 나라를 가난에서 벗어나게 해서 잘살아보자는 확고한 애국심과 결연한 의지가 있었기에 가능했다.

박정희.
<5.16>을 통해 이 나라의 지도자로 등장한
그는 산업화의 상징이자 국가주도성장주의의 실현이었고, 구미는 그의 의지이자 신념의 결과물이었다.
산업단지를 조성하려는 거대한 파괴의 굉음으로 시작된
도시는 곧 사람들의 삶이 되었고,
구미는 '한 사람의 결단이 도시가 되고, 시대가 된' 공간으로 단단하게 자리 잡았다.

시간이 흘러, 신화는 빛이 바랬고 종종 논쟁의 소재가 되기도 했다.
누군가는 여전히 박정희를 그리워하고,
누군가는 그 유산을 넘어 새로운 이야기를 쓰고자 한다.

이 글이 시작되는 지금,
우리는 여전히 '박정희 노스탤지어'라는 시대적 감성과 마주하고 있다.
그것은 단지 한 개인에 대한 숭배라기보다는
<한강의 기적>이라 불리던 급성장한 경제신화의 배경에 대한 감사
와 공동체적 기억의 그리움이기도 하다.

'낙동강洛東江은 흐르되 말 없고 / 금오는 묵묵히 그림자를 드리운다
옛 공장은 침묵하고 / 사람들은 그 속에서 시절을 기억하네'

그러나 구미는 이제 박정희 신화에만 기대는 도시가 아니다.
조선 성리학의 본산이자 신라불교의 발자취가 도드라진
사유思惟의 땅이자
왕산 허위선생의 의병정신이 깃든 저항의 고장이자,
낙동강과 금오산이 품은 생태와 생존의 터전이며,
K-방산과 미래산업이 움트는 혁신의 전조기지다.

구미는 박정희만으로 설명될 수 없다.

오늘의 구미는,
대한민국 근대화·산업화의 뿌리이자,
새로운 국가비전을 실험할 수 있는 미래도시로 거듭나고 있다.

<거대한 뿌리 구미>는 구미의 과거를 돌아보되,
박제된 기억이 아닌, 살아 있는 수많은 질문으로 구미에 대해 묻는다.

구미를 기억한다는 것은
단지 경계선안의 도시를 말하고자 하는 것이 아니라,
대한민국이라는 나라가 어떻게 성장했고, 우리는 무엇을 잊고 있으며,
앞으로 우리는 어디로 가야 하는가를 묻는 일과 다름없다.

'바람은 기억을 흔들고 /갈대는 대답 없이 몸을 기운다
시간이 사라진 자리마다 / 뿌리가 조용히 숨 쉰다'

그리고 그 질문은 지금도 여전히,
이 뿌리 깊은 도시에서 깊숙하게 울리고 있다.

우리는 이 도시에서,
우리의 과거를 만나고
우리의 현재와 맞딱뜨리고 나서
우리의 미래를 찾아야 한다.

구미는 과거의 완성이 아니라,
미래의 시작이다.

<거대한 뿌리 구미>는 지난 1년여 동안 구미 곳곳을 다니면서 만난 구미의 역사와 문화 그리고 구미사람들의 이야기를 한 데 모았다.

우리는 그동안 진짜 구미라기보다는 구미라는 도시가 갖고 있는 이미지만 보고 있었다.

구미에서 제대로 걷고 뛰고 뒹굴면서 그 속살을 볼 수만 있다면. 구미와 구미사람들이 얼마나 열심히 이 나라를 만드는데 기여했고 앞으로도 여전히 대한민국의 중추가 될 것이라는 사실에 저절로 고개를 끄덕이게 될 것이다.

제1부 **박정희 도시**

• 구미는 대한민국의 뿌리다 •

조선 인재의 반은 영남에 있고 영남 인재의 반은 선산에 있다
朝鮮人才 半在嶺南 嶺南人才 半在一善

이중환이 이처럼 <택리지>에서 '조선 인재의 보고는 영남이었고 영남 인재의 절반이 선산에서 나왔다'고 표현할 정도로 고려와 조선 중기에 이르기까지 선산은 뛰어난 인물들을 배출했다. 택리지의 '일선'(一善)은 선산(善山)의 옛 지명으로 지금의 구미(龜尾)다.

고려 말 삼은(三隱)의 한 사람인 야은(冶隱) 길재가 선산사람이었고 조선 사림(士林)의 시초라 할 수 있는 김숙자가 길재의 제자였고 김종직 역시 영남 사림문화의 기틀을 닦았다. 사육신 하위지도 선산출신이다. 굳이 조선시대로 거슬러 올라갈 필요는 없다. 오늘의 대한민국이 일제 식민지에서 해방돼 '한강의 기적'을 거쳐 선진국에 진입하기까지 구미가 배출한 단 한 사람을 꼽는다면 박정희 전 대통령이다.

박정희대통령역사자료관 앞 박정희 동상

중국이 차용한 경제개발계획 '박정희 모델'

조선시대이후 별다른 주목을 받지 못하던 경상도의 한촌(寒村)이 '수출입국'(輸出立國) 산업화의 핵심기지로 탈바꿈하면서 후천개벽이 펼쳐졌다. 구미는 어느 날 갑자기 대한민국 전자산업의 메카로 급성장했다.

박정희(아래 호칭 생략)가 없었다면 대한민국 현대사는 오늘날과 크게 달라졌을 것이다. MZ를 비롯한 동시대를 함께 살아가는 우리 시대는 '보릿고개'를 겪지 않았다. 오늘을 사는 우리는 아주 오래전부터 대한민국이 미국과 일본, 독일 등 'G7' 선진국과 어깨를 나란히 해 온 잘 사는 나라였던 것처럼 착각하고 있다.

경제대국 중국이 14억 굶주리던 중국 인민의 '원바오'(溫飽)를 해소하는 데 성공한 것이 겨우 21세기에 들어와서다. 마오쩌둥 사후 덩샤오핑(邓小平)은 개혁개방에 나섰고 장쩌민(江泽民) 시대에야 굶어죽는 인민이 없는, 원바오 사회를 건설하는 데 성공했다. 중국이 차용한 경제개발계획이 '박정희 모델'이었다. 이어 시진핑(习近平) 주석은 2035년까지 전면적 '샤오캉'(小康 중산층)사회를 달성하겠다는 목표를 제시했다.

2018년 대한민국은 인구 5,000만 명이 넘는 국가 중 세계 7번째로 1인당 국민총소득(GNI) 3만 달러를 돌파했다. 2024년 우리나라 1인당 국민총소득(GNI)은 무려 3만6745달러를 기록한 것으로 한국은행이 발표했다. 박정희가 5.16 군사혁명을 일으킨 1961년 100달러에도 미치지 못하는 81달러로 당시 세계 125개국 중 101번째였다. 파키스탄과 토고, 우간다, 방글라데시, 에티오피아 등과 함께 우리는 최빈국 그룹이었다. 그가 서거한 1979년 1,693달러로 중진국에 들어섰다. 북한은 박정희가 집권하던 1961년 320달러로 멕시코, 리비아. 포르투갈 브라질 등과 함께 소득순위 50위로 당시의 한국에 비해서는 월등하게 높았다.

사회주의 국가들의 선전·선동과 다를 바 없었던 '하면 된다, 수출입국, 근면 자조 협동' 등 박정희시대의 구호가 사라진 것이 우리 기억에서 그리 오래되지 않았다. 100억 달러가 목표였던 우리의 수출규모는 1977년 100억 달러 목표 달성에 성공했다. 2023년에는 6,327억 달러로 세계 7위에 올랐다. 이 모든 것이 박정희 덕분이었다고 고마워하자는 것이 아니다.

구미는 국내가전산업의 메카

남·북 대결에서 우리는 승리했다. 그 결과가 오늘의 대한민국의 위상이다. 대한민국의 거대한 뿌리는 단군조선과 천년 신라, 고려, 조선왕조가 아니라 구미에 있다고 감히 치부할 수 있는 것은 박정희라는 한 걸출한 영웅이 거기서 태어났고 구미 곳곳에 그의 유산과 기억이 남아있기 때문일 것이다.

민주화를 둘러싼 논란에도 불구하고 박정희가 대한민국의 뿌리였다는 사실을 부정해서는 안된다. 만일 박정희 같은 위대한 지도자가 존재하지 않았더라도, 민주화와 산업화를 동시에 추진했다면 오늘날 대한민국이 더 좋아졌을까? 2차 세계대전 후 우리와 비슷한 처지의 신생독립국이나, 당시 우리보다 경제여건이 나았던 아시아와 남미 그리고 아프리카 국가 중에서 선진국에 진입한 나라는 우리나라 외에는 없다.

마오쩌둥, 신중국 '건국의 아버지'로 추앙

박정희에 대한 평가는 '진영'에 따라 갈린다. 보수진영에서는 이 나라 근대화와 산업화의 초석을 다듬은 대한민국의 뿌리로 여기고 있는 반면, 진보진영에서는 '유신독재'를 통해 민주화를 억압한 독재자로 기억하고자 한다. 둘 다 맞다. 둘 다 틀리지 않는다. 역사는 공과(功過)을 모두 기록한다.

신중국 건국의 아버지 마오쩌둥(毛泽东)에 대한 중국의 역사적 평가도 그렇다. 문화대혁명이라는 20세기 최악의 비극을 초래한 과오에도 불구하고 중국 내전을 통해 신중국을 건국한 공로로 중국공산당은 마오쩌둥에 대해 '공칠과삼'(功七過三)으로 정리했다.

박정희에 대한 역사적 평가도 마오쩌둥에 대한 그것과 다르지 않아야 하지 않을까. 빈곤의 굴레에서 온 국민을 벗어나게 하겠다는 박 전 대통령의 강력한 의지와 실행이 없었다면 대한민국의 현재 모습은 크게 달라졌을 것이다. 우리의 박정희 평가는 너무 박(薄)하다. '문화대혁명' 같은 비극이나 대기근 같은 참사도 빚지 않은 박정희에 대해서는 공칠과삼이 아닌 '공팔과이'(功八過二) 정도의 후한 평가가 적당하다.

가난에서 벗어나려는 국민들의 의욕과 열정을 하나로 결집, 국민적 에너지로 승화시키면서 정부 주도의 경제개발계획을 성공시킨 강력한 리더십은 누구나 할 수 있는 것이 아니다. 가난에서 벗어나지 못하면 대한민국은 존립할 수 없다는 절박한 리더십은 창업자의 정신으로 근대국가 건설에 나선 CEO의 그것이었다.

마오쩌둥을 찾아 그의 고향 후난성(湖南) 샤오산(韶山)의 마오 생가를 방문하는 중국인들이 매년 1천만 명에 이른다. 마오쩌둥이 사망한 지 48년이 지났지만 중국인들은 여전히 그를 신중국 '건국의 아버지'로 추앙하고 있다.

박정희가 서거한 지 45년이 지났다. 그는 어느 진영의 지도자가 아니었다. 그를 기억하기 위해 구미를 찾았다. 구미에는 그의 '상모동 생가'가 있고 바로 인근에 '박정희대통령역사자료관'과 그 시대에 시작된 새마을운동을 기억하는 '새마을공원'도 있다. 구미에선 금오산이든. 시내 어디를 가더라도 그가 쓴 휘호가 있고 그가 생생하게 살아있는 것처럼 그의 체취가 느껴진다.

우리는 박정희의 '조국근대화'를 넘어서 '세계에 우뚝 선 대한민국'을 만들어냈다. 그가 유보하고 미뤘던 민주화도 완성시켰다. 그래서 우리는 이제 온전하게 박정희 시대의 공과와 명암을 바라볼 수 있게 됐다. 뿌리를 잊어버린 백성에게는 미래가 없다. 박정희가 못다 이룬 완전한 민주화와 통일은 현재진행형이다.

거대한 뿌리, 구미

조선 인재의 반은 영남에 있고 영남 인재의 반은 선산에 있다(朝鮮人才 半在嶺南 嶺南人才 半在一善). 이중환이 이처럼 《택리지》에서 "조선 인재의 반을 구미(선산)에서 나왔다"고 표현할 정도로 조선 중기에 와서 기라성 같은 위대한 인물들을 배출했다. 택리지 "일선-善은 산림총山林叢의 옛 지명으로 지금의 구미이다. 고려 말 삼은三隱의 한 사람인 야은冶隱 길재가 선산 사람이었고, 조선 사림士林의 시초라 할 수 있는 김숙자가 길재의 제자였고 김종직의 역시 영남 사림문화의 기틀을 닦았다. 사육신 하위지도 선산 출신이다. 구미 조선시대의 기출은 출발을 필요도 없다. 오늘의 대한민국이 일체 서민사회에서 해방된 '한강의 기적'을 거쳐 선진국에 진입하기까지 구미가 배출한 단 한 사람이 끌는다면 박정희 전 대통령이다.

▲박정희 대통령 동상

"가난서 벗어나지 못하면 존립할 수 없다" 절박한 리더십

〈1〉구미는 대한민국의 뿌리다

◆중국이 치켜든 경제개발계획 '박정희 모델'

조선시대 아주 멀지 못 주목을 받지 못하던 구미의 위상은 박정희 5.16 군사혁명(1961)과 더불어 과감한 경제개발계획 추진으로 중진공업국으로의 대도약을 이뤄냈다. 낮은 금리 산업단지에 금성사(현 LG), 대한전선, 삼성 등 대기업들이 입주하면서 구미는 오늘의 크게 달라졌다. 현재도 한국 크게 단락했으며, 사실상 지금은 MZ를 비롯한 동년배들을 살아가는 우리 세대의 기억력과 보내지 않다. 우리는 아주 오래전부터 대한민국이 배리 작고 약한 '고조' 한강의 기적을 젊은 조선시대 일본, 부산 및 양자강 조차로 이 초중에 나라였던 것으로 착각하고 있다.

경제개발 중국이 14억 인민이 매끼닛을 때우던 '밴해 중국'(中華) 탈피하는 데 성공한 원동력이 된 '보시의 경제개방' 정책이 21세기의 전 세계를 거울거에다. 10등 국민들이 GNP 2만 달러를 넘나들며 우리 앞선 산업우시대에 바치는 우리 81등이 세계 125위국 및 101번째였다. 우리의 경제, 시내에는 우리의 파일로 없던 되어, 무기아서, 영연방아, 에디오피아 등도 있다. 한국은 그늘속했다. 그가 서울 1950년에는 15만8천억(당시 미화 기준 - 영남토, 지금 2014년 GNP)를 돌파했으며, 103 단락에 165만 달러를 돌파한 지 67년 만에 3만 달러를 돌파한 세계 7번째 국가로 태어올랐다.

서해5국인 5국이 성공 원동력은 대체 뭔가. 수출입국, 근면 자조 노동 등 박정희 시대의 구호가 새로운 전략 수단이 우리 상황에 오염되었다. 1960년대 후미연공단의 부작업된 가계, 영남의 사이버대 대학 내 인물 수출 성공으로 1977년 100만달러 외환보유고를 달성할 수 있었다. 2023년에는 6천327억이라는 세계 9위의 금융 자급국 수상에 빛날 수 있다. 이 모든 것이 박정희 덕분이라고 해도 과언이 아니다.

◆ 구미는 국내 가전산업의 메카

남원 대구에서 우리의 승자였다. 그 결과가 우

천자산업의 메카 구미

금성사, 삼성전자 구미공장 신화
결들은 영웅 박정희가 태어난 곳
상모동생가, 새마을공원 흔적들
어디든 그가 쓴 뿌리 생생한 채취

리의 대한민국이 의심이다. 대한민국 시절도 우리는 단순과정과 삼수과정, 고려, 조선 망명기, 우리 후미·일선구라 시절이 가장 먼저 떠올랐다. 사실 고려 발까지 구미·역사(선산)는 국내 각방에서 정수적인 내용 추상하여 온 것으로 보기 힘들다.

민주주의 올바지만 논란에도 불구하고 박정희는 온갖 사대주의와 외세의 무모한 박정희에 맞대 자신의 지도력을 한반도에 전해 뽑아 것이다. 민족 민족에 대한 지도력도 한계점 거의 초과해 돌발한 것에 그러진 못했다. 대한민국이 민주주의 진동도 당시 소국 서른스러움의 단지에 주어 만났다. 위기계 매년 개인이 위기의 박정희 그의 일사람 때는 연세대 왔의 괴로움 아래. 실시 우리들은 중고 대통령 나갈 때이 아니었나. 박정희와 그의 기가 아니었다가 국가 종래식 선진자례 만들어 나았다면 선전대가보였을 것이라고 생각한다.

그러나 구미는 여전히 박정희과 기억의 도시이다. 새로운 구미가 다시는 도시하 큰 구미에 더 이상 파멸어 있다면 박정희를 방으로 지킨.

'수출입국'으로 이룬 어른 19기억 바성 구미업에 구미합당단이 공단과거면서는 구미인들이 공장에 취업하여 1968년 현재 구미에 8천여 석을 빨라 둔 세상. 구미에는 대구 정주인정법이 조성되었 때이다.

그러한 판박한 백성의 심을 구매한 박정희는 감보은 병풍을 가슴에 박고 마침 도시 앞아 기초를 두었다. 화학한 산업 등장이 수도 있었던 구미에 군부 돌파 대 의존에 속 좁아하는 1996년 구미공단은 실감 대구보다는 곳으로 대구와 의존에 속 좁아하는 1996년 구미공단에 공단에 인구 20만에 성공했다. 1996년 장관관시 예비 총 구밀이로 구미주의사영군 돌파. 1919년에 대구에도 장군을 처치 과대으로 승구부대로 대공위 전쟁한다.

구미는 국내 가전산업의 메카로 자리를 잡았다. LG전지위한 전신인 금성사 구미공단을 1970년 구미 TV를 생산했다. 장비의 구미·은공장에서 1970년 기계이기기(비디오)에 생산되었으나 TV부터 밥상 공급량, 라디오, 카세트 등 가전제품을 생산되어 본고 세계 공정의 등이가 되었다. 순독적 세 바이너가 대미 TV 개량의 성공함 삼성도 구미공장서 구미 TV를 주도했다. 이 삼성전자는 구미공장의 혁신스로 키운 본관리 두고 이거 가구, 세계 최고 유명이 되어 나이 '엠L 강국으로 만들었다.

◆ 마오에도, 신중국 '건국의 아버지'로 후방

박정희에 대한 평가는 '정상'이 아니다. 보수 의생이냐 나라 근대화의 산업화의 초석을 다는 대한민국의 후반로 예로 있는 반면, 전형가에는 '인민자치를 세워 대한민국 민주주의를 저해한 사람이었다'고 한다. 둘 다 틀린 것 같지는 않다.

근대국가 건설 CEO 박정희

정부 주도 경제개발계획 성공시켜
국민 열정 하나로 결집…에너지 승화
세계 속 우뚝 선 한국…'민주화 완성'
조국근대화·통일 아직 '현재진행형'

박정희 대통령이 연설하는 모습

박정희 대통령이 구미 가전산업장을 둘러보고 있다.

다. 둘 다 틀린 것은 아니다. 역사는 공과(功過)를 모두 기록한다.

신흥국 군주의 과제에서 매도에 대한 중국에서 역사적 평가는 그렇다. 문화대혁명이나 2,000만 희생된 대약진 운동의 과오에도 덩샤오핑 이후 중국 대통령 등이 신중국을 건국한 개국의 조상으로 (國文)는 중국 명원 지본도록 하고 있다.

박정희에 대한 역사적 평가도 마오쩌둥에 대한 그것과 다르지 않아야 한다. 왜냐하면, 변동의 물결에도 국민을 밝아져서 중심으로 이끄는 대기까지 있음으로 이 것이 대통령 것, 실제를 지배해 일어난 모두이긴 하지만 우리에게 박정희는 한국 근대화의 '문화의혁명' 걷보는지만이 아니라, '경제문화'(經濟) 중 1 둘로써 추양 받아야 된다.

가난해서 벗어나게 국가 안위의 우리로 영화하는 대 정임, 국민, 에너지를 승화시키며 우리 정부의 경제개발을 성공시킨 박정희로부터 우리는 무대단 배울 것이 있다. 그것은 또한 사회, 박정희는 그의 첫째에 대한민국을 죽을 것이 있다. 그는 절반은 대통령이 참살 종신의 국민의 근대화 위한 일상을 내다 봤다.

마오세둥을 찾아, 그의 고향 나사화(沙家)를 사오 수평만으로서 영화산을 상장시키며, 중국이 내세우는 '강성적 중정을 인물리'로 만는 현명서 이데 세상에 천하의 떨쳤다. 마오쩌둥이 아니라면 누가 그 아들까지 '영물제(金)한 중국'으로 만들 수 있었겠는가. 마오의 다섯 성만의 대한민국의 실패한 것은 그 땅의 위세만을 보듯 대구로 '취진적이 있다. 박정희의 세계자은 지나 걸친 수간. 그는 연

정원을 지나치시는 안이었을 것이다. 모든 결정을 그는 가문에 불해서 있었다. 구미는 그의 '상모동생가'가 있다. 구미는 그의 '상모동생가' 복우를 마련하고 새매움공원과 기념관, 가요비 등을 가슴에 안고 있다. 음성판도 구미의 금오산이, 시내 곳곳에 박정희는 그가 흐늘이 있고 그의 영향력이 미치지 않는 곳이 없다.

우리는 박정희를 '조국근대화의 세계영웅이 되어 대한민국을 변화시켰다'고 그 대한전 다른 단 한 번도 주지 않은 점이 있다. 그 대한전 그래서 우리는 이제 그 민원의 백업을 바보는 우리는 대관, 그의 참업의 가치를 동해 경쟁의 땅 사람이 있는 가치를 보여주고 좋았을 대한민의 방향으로 보여 달라는 것이다. 구미는 글오사이시, 이시 대통령을 가졌는 도시이다. 그가 쌍황하지 않고 나가 조국근대화를 꿈꾼 도시이다.

권택기(칼럼니스트)

제1부 박정희 도시　　　　　　　　　　　　　　　　　　025

● 박정희 도시의 '노스탤지어' ●

박정희에 비판적인 시인 김수영은 박정희가 우리시대의 뿌리가 될 것인지 예견했던 모양이다.

그가 5.16 직후인 1964년에 쓴 '거대한 뿌리'의 "…버드 비숍女史를 안 뒤부터는 썩어 빠진 대한민국이 괴롭지 않다. / 오히려 황송하다. 歷史는 아무리 더러운 歷史라도 좋다. / 진창은 아무리 더러운 진창이라도 좋다. / 나에게 놋주발보다도 더 쨍쨍 울리는 追憶이 있는 한 人間은 영원하고 사랑도 그렇다."라는 시적 표현으로 시대적 상황을 에둘러 비판했다.

박정희 시대는 김수영의 '거대한 뿌리' 이후 15년 더 지속했다. 18년간의 장기 집권이었고 박정희는 그 시대를 지배한 '독재자'였다. 민주주의는 유보됐고 시민들은 숨을 죽이고 참고 살아야 했다. 대신 우리는 '보릿고개'를 넘었고 '한강의 기적'을 만들어내면서 산업화의 기반을 마련하는 데 성공했다. 박정희 시대가 지나면서 우리는 비로소 '아시아의 4용'(龍)이 될 수 있었고 선진국 문턱에 다다를 수 있었다.

'민주화를 억압한 독재자였지만 나라를 잘 살게 한 대통령'이라는 상반된 평가는 공존할 수 없을까?

박정희 전 대통령이 서거한 지 올해 2025년으로 46년이 다 됐다. 어느 날 갑자기 그가 서거하자 온 국민이 깊은 슬픔을 느꼈다. 북한 독재자들의 사망소식이 전해졌을 때 본 북한인민들의 통곡과는 전혀 다른 감정이었다.

그로부터 한 세대 이상의 시간이 흘렀다. 그럼에도 우리는 박정희 시대의 '상처'를 제대로 치유하거나 극복하지 못한 모양이다. '박정희 노스탤지어(향수)' 얘기만 나와도 거부감을 갖는 사람들이 있다. 지금 우리는 이념전쟁이 상시적으로 벌어지는 세상에 살고 있다.

대통령선거 등 선거 때마다 보수·진보를 막론하고 대선주자들은 박정희 전 대통령을 호출한다. 20대 대선에 이어 21대 대선에 출마 당선된 이재명 대통령은 '박정희 정책도 좋다'거나 '박정희 시대의 불균형 성장은 불가피했다'며 성장동력 회복을 공약으로 내놓으면서 박정희 시대를 긍정적으로 평가했다. 보수정당의 박정희 노스탤지어는 아주 노골적이었다. 대선주자들은 경선 때부터 구미의 '박정희 생가'를 찾아와서 참배하는 모습을 경쟁적으로 노출했다.

경제성장 등 성과들 외면해선 안돼

구미에는 '생가'를 중심으로 '박정희생가 공원화사업'과 '새마을테마파크 조성사업' 등을 통해 '박정희대통령 역사자료관'과 '새마을테마공원', '박정희 동상' 등이 들어서면서 '박정희 노스탤지어'(향수)를 자극할 수 있는 '박정희도시'의 면모를 갖췄다. 박정희 전 대통령의 고향이자 박 전 대통령 시절 내륙 최대의 전자산업도시로 성장한 것이 '박정희도시'로서의 최적의 조건을 마련한 것이다.

구미가 전적으로 박 전 대통령의 후광만으로 성장한 도시라는 것은 아니다. 구미는 조선성리학의 본향이었고 그 덕분에 조선시대 영남 인재의 반을 공급한 인재의 보고로도 이름을 널리 알렸다. 오래된 도시가 산업화의 첨병으로 새롭게 탈바꿈했다고 보는 것이 맞다.

87년 체제 이후 진보진영이 경기를 일으키듯 경계하는 단어가 '박정희'였다. 오늘의 대한민국 위상을 만들어 준 산업화 초석을 마련한 시대의 대통령을 '입에 올리지도 못하게 한' 우리 사회의 '금기어'이기도 한 박정희 '악마화'는 악랄하고 집요했다. 공과(功過)에 대한 정당한 평가도 하지 않은 채 묻어버린다면 비겁하다. 그의 시대는 기본적으로 오랜 장기집권과 민주화를 외면한 독재의 시대라고 규정하는 것이 틀리지 않다. 그렇다고 그 시대가 이룩한 경제성장 등 여러 성과들을 외면해서는 안되고 외면할 수도 없다.

그렇게 시간이 흐르는 사이 우리는 아버지를 아버지라 부르지도 못하는 '홍길동'이 되어버렸다. 박정희시대 18년을 현대사에서 도려내거나 지울 수 없다. 배고픔을 해결하고 보릿고개를 극복하지 않은 채 어느 날 갑자기 우리경제가 세계 7위의 경제대국이 될 수는 없다.

'박제해 둔' 박정희를 제대로 평가하고 기억하는 것은 보수와 진보 진영의 정치적 뿌리를 되찾는 문제가 아니다. 대한민국의 뿌리를 되찾는 일이다. 민주화억압과 독재라는 어두운 면과 비약적 경제성장을 이끈 CEO였다는 양면을 모두 들추어내야 한다.

광주와 목포는 김대중 도시로

김대중 전 대통령은 박정희 전 대통령 사후 19년 후 15대 대통령이 됐고 2009년 서거했다. 박 전 대통령과 대선에서 맞붙기도 했고 그 시대 박 전 대통령의 정적이었다. 그는 목포가 낳은 최고의 인물이었고 김영삼 전 대통령과 더불어 민주화세력의 양대 산맥으로 우뚝 섰다.

그래선가 서울을 비롯 광주와 목포 등지에는 김대중 도서관과 김대중 센터, 김대중 대교 등 그의 이름을 붙이고 그를 기리는 각종 기념건축들이 즐비하게 세워졌다. 광주와 목포는 'DJ(김대중)도시'라는 영광을 차지하기 위해 경쟁하는 것처럼 보일 정도로 어딜가나 '김대중 향기'가 난다. 아시아 최대 규모의 국립아시아문화전당이 있고 '김대중 컨벤션센터'가 있다.

이에 질세라 DJ가 청년시절 사업가로 활동하기도 한 목포 삼학도 바로 옆에는 '김대중 노벨평화상 기념관'이 있고 인근 전남도청 정문 앞에는 '김대중 광장'이 조성돼 4m크기의 '김대중 동상'도 자리하고 있

목포 김대중 노벨평화상 기념관

다. 신안 하의도에는 생가가 있고 전남도청 앞 도로는 'DJ길'이다. DJ 길은 나중에 그의 호 '후광'을 딴 '후광로'로 명칭이 바뀌었고 김대중 대교도 있었다. 이 동네 사람들은 'DJ'라는 애칭과 '선상님'이라는 전라도 사투리로 부르면서 사랑하고 존경하고 추모하는 전직대통령이 있다는 것이 부러웠다.

그러나 그의 대북 '햇볕정책'은 대실패였다. 남북정상회담을 통해 남북간 화해와 협력을 모색하고 남북대화를 도모했지만 북한은 전혀 변하지 않았다. 북한은 핵개발을 멈추지 않았고 우리의 대북지원을 악용, 핵개발 비용으로 전용했다. 누구도 DJ의 과오를 지적하지 않는다. 햇볕정책은 여전히 그 시대의 성과로 평가받고 있다.

박정희와 김대중의 역사적 화해

'튼튼한 뿌리 없이는 큰 나무가 자랄 수 없다.' 대한민국이라는 큰 나무가 성장하기까지에는 이승만에서부터 박정희, 김대중이라는 거대한 뿌리가 단단하게 자리를 잡고 있었기에 가능했다. 진보와 보수라는 진영과 이념의 틀에서 벗어나면 대한민국의 뿌리가 자랑스러워진다. 목포 김대중 노벨평화상 기념관 옆 공원에는 두 손을 맞잡은 화합의 손 조각상과 구미 '금오산' 모형이 조성돼있다.

구미와 목포, 박정희와 김대중의 역사적 화해였다. 박정희와 김대중은 여전히 살아있는 것처럼 보인다. 여야가 첨예하게 맞붙는 선거 때만

되면 지역감정을 악용하는 정치인들에 의해 소환돼 충돌하지만 뿌리는 흔들리지 않는다.

'박정희 노스탤지어'를 더 이상 부정적으로 바라볼 이유가 사라졌다. 광주와 목포는 김대중 전 대통령을 자랑스럽게 여기고 도시 곳곳에 DJ의 향기를 불어넣고 DJ로 색칠하는 것에 거리낌이 없다. 박정희 전 대통령에 대한 증오와 거부의 족쇄도 풀어야 한다. 목포가 구미에 손을 내밀었던 것처럼 말이다.

정치적으로 이용하지만 않는다면 구미를 '박정희도시'로 각인하고 박 전 대통령을 기억하고 그 시대의 유훈을 추억하는 것도 나쁘지 않다.

대한민국 발전 뿌리 된 리더십 “이제 역사와 화해의 손 잡아야”

거대한 뿌리 구미

〈2〉'박정희 도시'의 노스탤지어

◆한강의 기적을 이룬 대통령

시인 김수영은 박정희가 우리 시대의 뿌리가 될 것을 예견했던 모양이다.

그가 5·16 직후인 1964년에 쓴 "거대한 뿌리"의 "…버드 비숍 女史(여사)를 안 뒤부터는 썩어 빠진 대한민국이 괴롭지 않다./ 오히려 황송하다. 歷史(역사)는 아무리 더러운 歷史라도 좋다./ 진창은 아무리 더러운 진창이라도 좋다./ 나에게 놋주발보다도 더 쨍쨍 울리는 追憶(추억)이 있는 한 人間(인간)은 영원하고 사랑도 그렇다"라는 표현으로 시대적 상황을 에둘러 비판했다.

박정희 시대는 김수영의 "거대한 뿌리" 이후 15년 더 지속했다. 18년간의 장기 집권이었고 박정희는 그 시대를 지배한 '독재자'였다. 민주주의는 유보됐고 시민들은 숨을 죽이고 참아야 했다. 대신 우리는 '보릿고개'를 넘었고 '한강의 기적'을 만들어 내면서 산업화의 기반을 마련하는 데 성공했다. 박정희 시대가 지나면서 우리는 비로소 '아시아의 4용(龍)'이 될 수 있었고 선진국 문턱에 다다를 수 있었다.

"민주화를 억압한 독재자였지만 나라를 잘살게 한 대통령"이라는 상반된 평가는 공존할 수 없을까?

박정희 전 대통령이 서거한 지 올해로 45년이 지났다. 어느 날 갑자기 그가 서거하자 온 국민은 깊은 슬픔을 느꼈다. 북한 독재자들의 사망 소식이 전해졌을 때 본 북한 인민들의 통곡과는 전혀 다른 감정이었다.

그로부터 한 세대 이상의 시간이 흘렀다. 그럼에도 우리는 박정희 시대의 '상처'를 제대로 치유하거나 극복하지 못한 모양이다. '박정희 노스텔지어(향수)' 얘기만 나와도 거부감을 갖는 사람들이 있다. 지금 우리는 이념 전쟁이 상시적으로 벌어지는 세상에 살고 있다.

그럼에도 대통령선거 등 선거 때마다 보수·진보를 막론하고 대선 주자들은 박정희 전 대통령을 호출한다. 지난 대선에서도 더불어민주당 이재명 후보는 '박정희 시대의 불균형 성장은 불가피했다'며 제1호 공약으로 성장 회복을 내놓으면서 박정희 시대의 성장을 제시했다. 보수정당의 박정희 노스텔지어는 아주 노골적이었다. 대선 주자들은 경선 때부터 구미의 '박정희 생가'를 찾아와서 참배하는 모습을 노출했다.

◆경제성장 등 성과를 외면해선 안 돼

구미에는 '생가'를 중심으로 '박정희 생가 공원화 사업'과 '새마을테마파크 조성사업' 등을 통해 '박정희대통령역사자료관'과 '새마을테마공원', '박정희 동상' 등이 들어서면서 '박정희 노스텔지어'를 자극할 수 있는 '박정희 도시'의 면모를 갖췄다. 박 전 대통령의 고향이자 박 전 대통령 시절 내륙 최대의 전자산업도시로 성장한 것이 '박정희 도시'로서의 최적의 조건을 마련한 것이다.

구미가 전적으로 박 전 대통령의 후광만으로 성장한 도시라는 것은 아니다. 구미는 조선 성리학의 본향이었고 그 덕분에 조선시대 영남 인재의 반을 공급한 인재의 보고로도 이름을 널리 알렸다. 오래된 도시가 산업화의 첨병으로 새롭게 탈바꿈했다고 보는 것이 맞다.

1987년 체제 이후 진보 진영이 경기를 일으키듯 경계하는 단어가 '박정희'였다. 오늘의 대한민국 위상을 만들어 준 산업화 초석을 마련한 시대의 대통령을 '입에 올리지도 못하게 한' 우리 사회의 금기에 대한 "악마화"는 악랄하고 집요했다. 공과(功過)에 대한 정당한 평가도 하지 않은 채 묻어 버린다면 비겁하다. 그의 시대는 기본적으로 장기 집권과 민주화를 외면한 독재의 시대라고 규정하는 것이 틀리지 않다. 그렇다고 그 시대가 이룩한 경제성장 등 여러 성과들을 외면해서는 안 되고 외면할 수도 없다.

그렇게 시간이 흐르는 사이 우리는 아버지를 아버지라 부르지도 못하는 '홍길동'이 되어 버렸다. 박정희 시대 18년을 현대사에서 도려내거나 지울 수 없다. 배고픔을 해결하고 보릿고개를 극복하지 않은 채 어느 날 갑자기 우리 경제가 세계 7위의 무역대국이 될 수는 없다.

'박제해 둔' 박정희를 제대로 평가하고 기억하는 것은 보수와 진보 진영의 정치적 뿌리를 되찾는 문제가 아니다. 대한민국의 뿌리를 되찾는 일이다. 민주화 억압과 독재라는 어두운 면과 비약적 경제성장을 이끈 CEO였다는 양면을 모두 톺아내야 한다.

◆광주와 목포는 김대중 도시로

김대중 전 대통령은 박 전 대통령 사후 19년 후 15대 대통령이 됐고 2009년 서거했다. 박 전 대통령과 대선에서 맞붙기도 했고 그 시대 박 전 대통령의 정적이었다. 그는 목포가 낳은 최고의 인물이었고 김영삼 전 대통령과 더불어 민주화 세력의 양대 산맥으로 우뚝 섰다.

그래선가 서울을 비롯해 광주와 목포 등지에는 김대중도서관과 김대중센터 김대중대교 등 그의 이름을 붙이고 그를 기리는 각종 기념 건축물이 즐비하게 세워졌다. 광주와 목포는 'DJ(김대중) 도시'라는 영광을 차지하기 위해 경쟁하는 것처럼 보일 정도로 어딜 가나 "김대중 향기"가 난다. 아시아 최대 규모의 국립아시아문화전당이 있고 "김대중컨벤션센터"가 있다.

이에 질세라 DJ가 청년 시절 사업가로 활동하기도 한 목포 삼학도 바로 옆에는 '김대중 노벨평화상 기념관'이 있고 인근 전남도청 정문 앞에는 "김대중 광장"이 조성돼 4m 크기의 '김대중 동상'도 자리하고 있다. 신안 하의도에는 생가가 있고 전남도청 앞 도로는 'DJ 길'이다. 그의 호 '후광'을 딴 "후광로"로 명칭이 바뀌었고 김대중대교도 있었다. 이 동네 사람들이 'DJ'라는 애칭과 '선생님'이라는 사투리로 부르면서 사랑하고 존경하고 추모하는 전직 대통령이 있다는 것이 부러웠다.

그러나 그의 대북 '햇볕정책'은 대실패였다. 남북 정상회담을 통해 남북 간 화해와 협력을 모색하고도 북한은 전혀 변하지 않았다. 북한은 핵개발을 멈추지 않았고 우리의 대북 지원을 악용, 핵개발 비용으로 전용했다. 누구도 DJ의 과오를 지적하지 않는다. 햇볕정책은 여전히 그 시대의 성과였다.

◆박정희와 김대중의 역사적 화해

'튼튼한 뿌리 없이는 큰 나무가 자랄 수 없다.' 대한민국이라는 큰 나무가 성장하기까지에는 이승만에서부터 박정희, 김대중이라는 거대한 뿌리가 단단하게 자리를 잡고 있었기에 가능했다. 진보와 보수라는 진영과 이념의 틀에서 벗어나면 대한민국의 뿌리가 자랑스러워진다. 목포 김대중 노벨평화상 기념관 옆 공원에는 두 손을 맞잡은 '화합의 손' 조각상과 구미 '금오산' 모형이 조성돼 있다.

구미와 목포, 박정희와 김대중의 역사적 화해였다. 박정희와 김대중은 여전히 살아있는 것처럼 보인다. 예야가 첨예하게 맞붙는 선거 때만 되면 지역감정을 악용하는 정치인들에 의해 소환돼 충돌하지만 뿌리는 흔들리지 않는다.

'박정희 노스텔지어'를 더 이상 부정적으로 바라볼 이유가 사라졌다. 광주와 목포는 김대중 전 대통령을 자랑스럽게 여기고 도시 곳곳에 DJ의 향기를 불어넣고 DJ로 색칠하는 것에 거리낌이 없다. 박 전 대통령에 대한 증오와 저부의 족쇄도 풀어야 한다. 목포가 구미에 손을 내밀었던 것처럼 말이다.

정치적으로 이용하지만 않는다면 구미를 '박정희 도시'로 각인하고 박 전 대통령을 기억하고 그 시대의 유훈을 추억하는 것도 나쁘지 않다.

서명수 객원논설위원(슈퍼차이나연구소 대표)

목포 김대중 노벨평화상 기념관.

대권 두고 경쟁했던 김대중 前 대통령
대북정책 대실패에도 곳곳에 기념관
광주·목포는 'DJ도시' 자처 추모 경쟁

이념전쟁에 朴 공과 정당 평가 못 받아
정치적 이용 멈추고 증오 족쇄 풀어야
구미 새마을공원 등 '박정희 도시' 면모

김대중 노벨평화상 기념관 옆 공원 '화합의 손' 조각상.

박정희대통령 역사자료관 로비에는 박정희 대통령이 재임 시절 이용한 의전 차량인 메르세데스-벤츠가 전시돼 있다.

20 면

• 박정희도시 구미와 중국 •

흑묘백묘론(黑猫白描論)

"공산주의가 아니어도 상관없다. 자본주의면 어떤가? 검은 고양이든 흰 고양이든 쥐만 잘 잡으면 되지 않은가? 중국 인민을 배불리 먹이고 잘 살 수 있게 하면 그만이다. 먼저 부자가 되라."

'흑묘백묘론'(黑猫白描論)과 '선부론'(先富論)을 앞세운 덩샤오핑(邓小平)의 개혁·개방정책의 성공은 '박정희 모델'을 전향적으로 수용, 중국에 접목한 결과였다. 마오쩌둥(毛泽东) 사후 중국공산당 지도부를 장악한 덩샤오핑은 개혁·개방에 대한 강한 확신을 가졌다.

삭지만 상한 이웃나라 대한민국이 채택해 성공한 경제발전모델을 따라가는 것 외에는 중국이 취할 수 있는 다른 방법이 없다는 것을 알았다. 공산주의라는 검은 고양이가 아니더라도, 자본주의라는 하얀 고양이를 선택하더라도 (8어)인민을 굶기지 않고 경제를 도약시키려면 무

슨 짓이든 할 수 있다는 전향적인 자세로 개혁·개방정책을 추진했다.

 중국은 그 후 장쩌민과 후진타오를 거쳐 시진핑 시대에 이르러 세계 2위의 경제대국이 됐다. 마오쩌둥 시절 인민공사를 만들어 '대기근'으로 수천 만 명을 굶어 죽게 만든 정책실패와 '문혁'이라는 암흑기를 거친 중국으로서는 전면적인 외자 도입 등 개혁·개방 외에는 경제개발의 묘책이 없다는 것을 알았다.

 덩샤오핑은 경제모델 뿐 아니라 새마을운동도 그대로 도입했다. 후진타오 집권기에 중국 농촌에 불어 닥친 '신농촌 운동'이 그것이다. '신농촌'의 성공모델이 장쑤(江苏)성 '화시촌'(华西村)이다. 화시촌은 마을을 하나의 기업으로 운영하면서 공동의 부를 축적, 주민 모두가 잘사는 기업형 마을로 우리의 '새마을기업' 성공사례와 다를 바 없다.

우리는 덩샤오핑의 개혁·개방정책의 상당부분이 박정희 모델을 따랐다는 것을 간과하거나 아예 몰랐다. 식민지에서 해방된 지 수년 만에 6.25 전쟁의 비극이라는 폐허 위에서 국내 자본은 커녕 미국과 국제기구 구호식량으로 연명하다시피 한 곤궁한 시절이었다. '보릿고개의 가난'을 직접 겪지 않은 우리 세대로서는 상상할 수도 없는 고통이었을 것이다.

박정희 경제개발 모델 계승

미국을 추격하는 경제대국 중국은 자신들의 경제적 성공이 박정희 모델을 충실히 계승했기 때문이라는 사실을 숨기지 않는다. 중국은 박전 대통령 고향인 구미시와 우호협력도시 결연을 먼저 제안했고 교류협력도 강화하고 있다. 쓰촨(四川)성 광안(广安, 인구 460만 명)시는 2012년 구미시와 우호협력도시 협약을 맺고 매년 문화·관광 등 다양한 분야에서 교류협력하고 있다.

광안은 덩샤오핑의 고향이다. 구미시는 1995년 마오쩌둥의 고향인 중국 후난(湖南)성 창사(长沙)와도 우호협력도시 협약을 맺고 광범위하게 교류를 해왔다. 창사의 지척지간에 마오쩌둥의 고향마을 '샤오산'(韶山)이 있다. 중국의 두 지도자 마오쩌둥과 덩샤오핑의 도시가 '박정희도시' 구미와 손을 맞잡았다.중국방문단이 구미시를 방문하면 반드시 구미에 자리한 '박정희 전 대통령 생가'와 박정희대통령역사자료관, 민족중흥관. 새마을테마공원을 차례로 찾는다. 구미방문단도 창사와 광안을 가면 샤오산 마오쩌둥 생가와 광안의 덩샤오핑 기념관을 찾는 것이 필수코스다. 양국 모두 상대국 지도자의 리더십에서 공통점을 찾아내고 경제개발의 노하우와 성과를 공유하고자 하는 노력의 일환이다.

중국 후난성 샤오산의 마오쩌둥 생가에 참배객들이 줄을 섰다.

샤오산 마오쩌둥의 생가나 광안 덩샤오핑 기념관을 한 번이라도 간다면 그 규모나 그 곳을 찾아 나선 중국 참배객들의 수나 경건한 태도에서 엄청난 충격을 받을 것이다. 중국 인민들은 진심으로 오늘의 중국을 만든 지도자, 마오쩌둥과 덩샤오핑을 존중한다. 마오쩌둥의 경우 문화대혁명 등의 수많은 정책적 과오를 통해 인민을 굶어 죽이고 무고한 희생자를 냈지만 중국은 그런 과오(過誤)보다는 '신중국'을 건국한 공(功)을 더 높이 평가한다.

구미 박정희 생가를 찾은 참배객들

아예 마오쩌둥은 '재물신'으로 승격돼 베이징 텐안먼(天安门)광장에 자리 잡았다. 그러나 구미 상모동 생가를 찾는 참배객의 숫자는 손에 꼽을 정도로 적다.

박정희 시대의 공과 재평가해야

중국과 싱가포르와 대만이 있지만 국가주도 경제개발정책을 가장 성공적으로 이끌어 급속한 경제성장이라는 성과를 낸 나라는 박정희의 대한민국 외엔 없었다.

황병태 전 주중대사는 한중국제학술세미나에서 "박정희와 덩샤오핑 두 지도자는 리더십에서 공통점이 너무 많다"며 "특히 세계가 부러워 하는 경제개발 정책이 그렇다. 중국 부임 초기 덩의 아들 덩푸팡(邓樸方)이 자주 찾아와 한국의 경제개발을 많이 물었다. 덩샤오핑은 개혁·개방정책을 도입하면서 박정희 경제개발 모델을 많이 참고한 것으로 보인다."고 밝히기도 했다.

좌파적 시각에서 덩샤오핑과 리콴유 그리고 박정희 등 중국과 싱가포르, 한국의 지도자들의 리더십을 비판 분석한 윌리엄 이스털리는 <전문가의 독재>를 통해 "중국과 싱가포르 그리고 한국의 경제발전은 덩샤오핑과 리콴유, 박정희 덕분이 아니며 오히려 그들이 개인의 자유를 억압했을 뿐"이라는 주장을 장황하게 늘어놓는다. 그런 주장의 근거로 한국의 경우 독재시절보다는 민주화된 이후의 경제성장이 더 잘 이

중국 샤오산 마오쩌둥의 비밀별장의 마오쩌둥 초상

뤄지고 있다며 현대자동차의 성장을 예로 들었다.

 그러나 민주주의는 극단적인 빈곤과 갈등이 있는 곳에서는 작동하지 않는다. 가난한 나라에서 민주주의라는 장미꽃이 활짝 핀 적은 없다. 거대야당은 온 국민에게 25만 원을 뿌리자는 '민생회복지원금 특별조치법'을 단독으로 처리했지만 대통령의 거부권에 막혔다. 그들이 집권한 이제 마음대로 뿌릴 수 있게 됐다. 부자나 가난한 자나 공짜 싫어하는 사람은 없다. 정부의 곳간이 비어가는 적자 상태에서 IMF나 코로나사태 등의 위기상황도 아닌데 온 국민에게 현금을 뿌리겠다는 발상은 그저 돈으로 표심을 사겠다는 의도밖에 보이지 않는다.

좌파는 경제적 평등, 공정을 최고의 가치로 여긴다. 대기업 성장위주의 재벌경제를 구축한 박정희 모델을 비판한다. 그러나 정부가 적극 개입, 경제정책을 이끌고 부의 재분배와 규제를 통해 균형경제를 구축해야 한다는 좌파들의 주장은 박정희모델과 궤를 같이 한다. 박정희는 민간자유기업이 경제를 이끌도록 했지만 시장에 모든 것을 맡기지는 않았다.

'한강의 기적'이라는 신화는 그저 만들어진 것이 아니다. 한국과 더불어 아시아의 떠오르는 4룡(龍)이라 불리던 '싱가포르와 대만 그리고 홍콩' 여기에 덧붙여 중국까지 어느 나라도 민주화를 먼저 이룬 후 경제발전에 성공한 나라는 없었다. 장기 집권한 리콴유 수상과 장징궈 총통이 싱가포르와 대만의 경제성장도 함께 이끌었다.

물을 마실 때 그 근원을 생각하라는 '음수사원'(飮水思源)의 의미처럼 박정희 시대의 공과를 재평가해야 할 때가 됐다.

박정희 대통령 생가 앞 새마을운동 조각상.

"잘 살아보세!" 中 개혁·개방정책 확신 준 박정희 경제 모델

(3) 박정희도시 구미와 중국

◆속도백모른 영향 준 새마을운동

검은 고양이든 흰 고양이든 쥐만…
덩샤오핑, 朴 성공 모델 적극 수용
국가주도 경제개발, G2 반열 초석

中 두 지도자 고향, 구미와 우호협력
박정희 생가-채숭음공원 탐방객 밀길

'한강의 기적' 공과 재평가해야

문화대혁명 비극 유발한 마오쩌둥
중국선 신중국 건국한 공 높이 평가
계불성으로 승격돼 톈안먼 광장에

민주화 후 경제개발전 어른 나라 없어
오늘날 눈부신 성장 근본 생각해봐야

박정희의 생가를 찾는 참배객들. 사진은 생가 내부다.

• 구미공단의 탄생, 산업화의 초석 •

공돌이와 공순이의 탄생

1970년대는 '공돌이'와 '공순이'의 전성시대였다. 공장에서 일하는 블루칼라노동자들을 당시 공돌이, 공순이라고 비하해서 불렀다. 그러나 그들은 이 나라 산업화를 이끈 '산업역군'이었고 수출주역이었다. 그들이 없었다면 전 세계를 무대로 '메이드인코리아'를 판 종합상사 '상사맨'도 존재할 수 없었다.

수출전진기지로는 '구로공단'이 가장 먼저 생겼고 인천 남동공단, 마산수출자유지역이 조성되었고 마침내 내륙도시에선 구미에 대규모 산업단지가 조성됐다. 구미공단은 그렇게 탄생했고 구미에도 우리들의 앞 세대 할아버지와 할머니 그리고 아버지와 어머니가 '공돌이', '공순이'로 대거 몰려왔다.

1977년 12월 22일 오후 4시, 우리나라 수출실적이 사상 최초로 100

억 달러를 돌파했다. '수출입국'(輸出立國)을 슬로건으로 내세우면서 박정희 대통령이 '수출진흥 확대회의'를 160여 차례 직접 주재하는 등 온 나라를 수출전선으로 내몬 지 13년 만에 이뤄낸 쾌거였다. 2023년 우리나라 총 수출실적은 6,326.9억 달러. 주요 수출 품목은 자동차와 반도체 선박 일반기계 등 고부가가치 제품 일색으로 탈바꿈했다. 수출입 등 무역규모로는 세계 7위의 경제대국 위상을 당당하게 유지하고 있다. 박정희대통령이 집권하기 직전인 1960년 1인당 국민소득 83달러의 아시아 최빈국에서 2024년 일본을 제칠 정도로 한국경제는 세계 속에 우뚝 섰다. 그 중심에 '구미공단'이 있었다.

'구미 수출탑'은 수출 100억 달러 기원

구미IC를 통해 구미시내에 들어서 이마트로 가기 직전에 회전교차로, 즉 '로터리'를 만나게 된다. 로터리 중간에 '수출탑'이 우뚝 서있어 수출탑로터리'라고 불리는 구미시의 도로원표 기준이다. 로터리 한가운데에는 40m 높이의 단순한 형태의 기념탑이 세워져 있다. 얼핏 보면 어느 도시에나 있는 특징없는 현충탑과 다를 바 없지만 '수출탑'이다.

우리나라의 수출실적이 100억 달러에 달성한 것을 기념해서 건립했다. 그런데 우리나라 수출실적이 100억 달러를 달성한 것은 수출탑이 건립된 1976년이 아니라 1년 후인 1977년이다. 당시 '100억 달러 수출, 1000달러 국민소득, 전 국민 마이카 시대'라는 구호의 고 신동우 화백의 그림은 전국에 벽화 형태로 도배를 하다시피 내걸렸고 우리는 달콤한 꿈을 꾸면서도 한편으로는 이루기 어려운 장밋빛 꿈이라고 생각하기도 했다.

그런데 그 허황해보이던(?) 100억 달러 수출의 꿈이 목표연도보다 3년 일찍 성사됐고 그보다 1년 전에는 100억 달러 수출을 바라는 수출탑이 '바벨탑'처럼 구미공단 입구에 세워진 것이다. 수출탑 전면에는 박정희 대통령이 직접 쓴 '수출산업의 탑'이라는 휘호가 새겨져있다.

박 대통령을 비롯한 온 국민의 수출을 통해 나라를 세우자는 수출입국의 소망이 이 탑에 담겨있는 셈이다. 그리고 1년 만에 우리는 100억 달러 수출을 달성했고 한국경제는 비약적 도약을 거듭했다. 이 수출탑

은 얼마 전 경북도가 근대문화유산으로 지정했다.

'구로공단'이 생기면서 간절한 우리의 수출입국의 꿈을 꾸게 되었고 구미와 마산과 창원이 있어서 그 꿈이 실현됐다. 어제의 구미공단이 있었기에 오늘의 대한민국이 존재하게 된 것이다.

한국의 경제성장 드라마는 세계사에 유례를 찾아볼 수 없는 신화다. 석유와 광물 등의 부존자원도 변변찮고 숙련되고 교육받은 인재도 부족한 독립 신생국이 6.25라는 동족상잔의 전쟁 참화까지 겪었음에도 개발도상국·중진국 딜레마를 넘어 선진국 문턱을 넘어선 것이다. 그래서 마오쩌둥이 사망하고 문화대혁명의 암흑기를 거친 중국도 개혁·개방을 통해 경제성장에 올인하면서 대한민국의 외자도입을 통한 성장과정을 그대로 도입했다. '박정희패러다임'을 그대로 따라한 것이다.

수출 100억 달러 목표가 달성된 그날, 분식과 혼식을 강제하던 박정희 정부는 '쌀 막걸리'를 마실 수 있도록 했다. 수출기업은 애국기업이었고 수출입은행은 종합상사에 대한 사실상의 무한보증을 했다. 깻잎과 은행잎, 부녀자들의 머리칼을 잘라서 만든 가발, 김과 수산물 합판 등으로 시작한 우리 수출은 신발과 우산, 안경 등 소비제품, 합섬과 면직 등 섬유제품을 거쳐 마침내 철강과 조선, 자동차 등 중공업제품으로 수출품목을 전환시키면서 이뤄낸 쾌거였다.

구미국가공단 제1단지

100억 달러 수출을 통해 전 세계 133국에 '메이드인코리아'(made in KOREA)가 새겨진 1천200여 품목으로 연간 42.4%라는 수출신장율을 통해 기적과도 같은 수출입국 신화를 만들어냈다. 박정희 집권이 시작된 직후인 1964년 우리나라 수출은 1억 달러에 불과했다. 그로부터 13년 만에 우리는 100배의 수출실적을 이끌어냈다. 초기에는 '동명목재'가 있었고 가발수출의 대명사인 '서울통상'이 있었고 월남전을 통해 성장한 '한진상사'가 있었다. 보세가공을 통한 섬유수출은 한일합섬과 선경, 코오롱 효성 등의 섬유재벌들을 탄생시키기도 했다.

구미공단은 수출품목을 전자제품으로 전환

그러나 구미전자산업단지 조성은 우리 수출전선의 주력제품을 전자제품으로 탈바꿈시키게 되는 계기가 됐다. '수출입국', '수출은 국력의 총화', '전 산업의 수출화', '전 세계의 시장화' 등 마치 북한의 선전선동구호와 다를 바 없는 박 대통령이 수출 독려용 휘호는 전국에 내걸렸다.

물론 100억 달러 수출의 초석은 '구로공단'이 마련했다. 5.16을 통해 권력을 잡은 군부는 보세가공으로 성공한 싱가포르와 대만 등을 모델로 한 수출산업단지를 조성하기로 했고 그 첫 단추가 구로공단이었다.

박 대통령은 자신의 고향 구미에 대규모 산업단지를 조성하는 것을 정치적으로 껄끄러워했다고 한다. 대통령의 고향에 산업단지를 조성하는 것이 국민들에게 특혜로 비칠 것을 우려했던 모양이다. 그래서 구로공단 등을 조성해서 운용한 후 울산과 청주 마산 등지에 공단을 조성한 이후 구미공단 조성에 동의했다.

정작 구미공단 조성에 앞장선 것은 당시 경북도지사 양택식과 구미지역 유지 장월상 그리고 구미가 고향인 재일교포실업가 '곽태석' 한국도시바사장 등이었다. 양 지사는 포항지역에 공단을 조성하려고 했으나 구미지역 상공계 인사들과 곽 사장 등이 구미유치를 설득하자 마음을 돌렸다.

1969년 1월 '구미공업단지 설립추진대회'가 열렸고 6월 건설부 고시로 공업단지 사업시행자를 지정함으로써 구미공단이 본격적으로 조성되기 시작한다. 당초 구미공단은 경북도가 주체가 된 '지방공단'과 전자업종을 중심으로 한 한국전자공업공단으로 이원 조성됐다.

구미 1공단은 1969~1973년 입주를 마쳤고 1977~1981년 2공단, 1987~1995년 3공단을 조성하는 등 30여 년 동안 지속적으로 공단규모를 확장하면서 성장을 거듭, 다른 산업단지와 다른 특징이 있다. 구미공단은 박정희 시대 100억 달러 수출목표를 달성하면서 '수출입국'의 영광을 만드는데 기여한 조국 근대화의 심장과도 같은 존재였으며 '반도체코리아'의 초석을 놓았다.

박정희 시대 100억$ 수출 첨병…근대화·반도체코리아의 심장

거대한 뿌리, 구미

⟨5⟩ 구미공단의 탄생, 산업화의 초석

내륙도시 구미에 대규모 산단…한국 경제 부흥 이끈 소중한 터전

◆공동의화 공순이의 탄생

1970년대는 '공돌이'와 '공순이'의 전성시대였다. 공장에서 일하는 블루칼라 노동자들을 당시 공장에, 공순이라고 부비하게 불렀다. 그러나 그들은 대한민국 산업화시민 '산업역군'이라고 수출주역이었다. 그들이 없었다면 현 세계12대 '메이드인코리아'를 판 종합상사 '상사맨'도 존재할 수 없었다.

수출 전진기지로는 '구미공단'이 가장 변체 생각고 인천 남동공단, 마산 수출자유지역이 조성되었고, 마침내 내륙 도시에에 구미에 대규모 산업단지가 조성됐다. 구미공단은 그렇게 탄생했고 국가에, 우리들의 아버지, 어머니들의 공순이, 공돌이가 대거 몰려왔었다.

수출 통해 나라 세우자…박 前대통령 집권 13년 만에 100배 성장

◆ 구미 수출입문 수출 100억달러 기원

구미지역을 통해 구미 시내에 들어서 아파트로 가기 직전에 펼쳐지는, 즉 '로터리'를 만나게 된다. 로터리 중간에는 '수출탑'이 우뚝 서 있어 수출을 모티브로 삼고 있다. 구미시의 도로표 이 전부다. 로터리 한가운데에는 40m 높이 탁한 형태의 기념탑이 세워져 있다. 양 옆으로 솟아있는 돛대 같은 모양과 다를 바 없지만 '수출탑'이다.

우리나라의 수출 실적 100억달러 탄생을 기념해서 건립했다. 그런데 우리나라 수출 실적이 100억달러를 달성한 것은 구미공단 건립된 1974년이 아니라 1년 후인 1977년이다. 당시 1977년의 수출, 100억달러 국민소득, 한 국민 1마지가 시작이다. 구미로 그 신호가 울려퍼졌고 그 전국에 역량 형태로 도배했다. 우리는 남

우리나라의 수출실적이 100억 달러를 달성한 것을 기념해서 구미공단 입구에 건립한 수출탑.

1977년 12월 22일 오후 4시, 우리나라 수출 실적이 사상 최초로 100억달러를 돌파했다. '수출입국'의 숙원이고 내외물품이 박정희 대통령의 '수출입국 확대'의 첫 16만 차 째 직원 주체위는 등 온 나라를 가스의 바쳐 축원 위 15년 만에 이루어낸 쾌거였다. 302조원 국민나 총 수출 실적이 6조3,045억원의 주요 수출품목은 자동자와 반도체 전자 일반기기 등 9개 가지 의원처리 있었다. 수출입 등 무역 규모는 세계 7위의 경제대국 위상을 다졌다. 오늘의 303조, 박정희 대통령이 집권한 지 직원이 1961년 12월 국민소득 83달러의 여사에 최빈국에서 2024년 일본을 제치고 한국 경제는 세계 속에 우뚝 섰다, 그 중심에 '구미공단'이 있었다.

대한민국을 산업화시킨 '산업역군'이었고 수출주역이었던 공순이.

한국의 경제성장을 도래하는 세계사에 유례를 찾아볼 수 없는 것이었다. 석유와 철광 등의 부존자원이 방글라고 숙련기술과 교육받은 인력이 부족한 북쪽 신흥국에 6·25전쟁 동족상잔의 전쟁 참화까지 있었음에도 역사스러운 중단없는 도약의 큰 결과, 예상 가능한 경제발달을 이뤘다. 수많은 대한민국이 사원되고 산업통상통한 장관이지 되는 '기업으로 개적 이동 통'을 통해 경제성공을 올리면서 대한민국의 외화 도입을 통한 성장 과정을 그대로 도입해서, 박정희 패배시잡을 그대로 따라했다.

수출 100억달러 목표가 달성됐고, 또다시 종속을 경제에서 박정희 정부는 '벌 박정희 이뢰나 수출도움으 영도됐다. 수출 기업은 매우 기업을 이끄 수출급증에 종합상사에 대한 세금감면 특권도보주의 했다. 옛날을 은행들이, 수이자원의 머리카락 모아 만든 '가발', 김과 수산물 팔아 정으로 시작한 우리 수출을 신발에 우산, 인형 소비재, 철강과 섬유 등 중후화방 거쳐 반도체 정권과 조선, 자동차 등 중화확장제로 수출 품 잘 본권산 기하급수 이어져 왔어요.

100억달러 수출을 통해 한 세계 130국여 '메이드인COREA(made in KOREA)' 계체인 1천1500여 품목으로 만든 42.4%% 이상 수출 상품들을 들어 기계조있 같은 수출입이 실을 만들어 냈다.

박정희, 집권이 시작된 1966년 우리나라 수출은 10억달러를 불과했는데, 그로부터 13년 만에 수출이 100배로 수후을 늘었다. 초기에는 '동영학자'가 있었고 '박' 수출로 대통령 지역사 '서울운동'과 인공기 반도업증 등통 건공한 '한민감소'가 있었다. 보세가공업 통해 섬유 수출을 양태를수 있고 공도욱, 효성 등의 섬유대기업들을 한국사사업키고 됐다.

지방공단·전자공업공단 이원 조성…수출 주력 제품 '전자' 발발판꿈

◆구미공단을 수출 품목을 전자제품으로 전환

그러나 구미공단 구미전자산업단지 조성은 우리 수출 완성하는 주력 제품을 전자제품으로 탈바꿈시키는 계기가 됐다.

'수출입국' 수출은 국력의 '통권' 산업의 원동력인 '본 부대'의 시간에 '몽부체' 의 대통령의 선민 의식이 그냥 나올 수가 없었다. 이 대통령의 수출 독려 행보는 전국에 새쳐졌다.

물론 100억달러 수출의 초석은 '구미공단'이 마련했지만, 5·16을 통해 권력을 잡은 군부는 보세가공 수출 증대만 실거대로서 대한 부분 한계성이 수출 증대라는 단순가공에 조성한 해고 이 점 단순 구미공단이었었다.

박 대통령을 자신의 고향 구미에 대규모 산업 단지를 조성하는 것을 정치적으로도 활고화했다. 이 기간을 가 호산이 중한 상가 돈 수 없고 일을 여겼지만 구미공단이 있었다. 그대로 구미공단은 단순 조성에서 수출 증대를 위한 산업단지 조성의 길이 적극적으로 국민들에 따라 바람 있을 무리한 것도 있다. 그래서 구미공단이 단순 조성에서는 탈피한 수 출입국, 부양, 마산 입주에 관련해 조성한 이우 구미공단이 답했다.

정부 구미공단 조성에 어려움이 있었다. 당시 가난한 나라 정책적이 기로한 구미에 유치 장범한

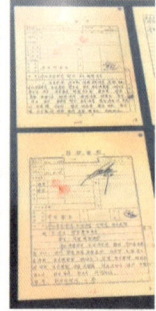

구미시가 발간한 책자에 실린한 최초의 구미전자산업단지 조성에 사리서 서당되었으며, 구미시에서 보존지역에서 수중 조성을 없고 해고 구미지역의 성공에 인사들과 과 세 사람의 구미 유치를 실리하며 때를 오랐다.

1969년 1월 '구미공단단지 보관조이시설가 한 발표도 6월 만에 구미공장시지로 정식시되는 것으로 시작했다. 당시 구미공단은 경제적 부족함 지 '지방공단'과 전자공업공단을 중심으로 한 한국 경제의 공단은 이원화가 있었고, 보세가용을 통한 섬유 수출 양태만 있은 것도, 코오롱, 효성 등의 섬유대기업을 한국시사업키셨다.

구미 공단은 1969~1973년 1단계로 낙동2년장 3공단을 조성한 것에는, 1973~1995년 2단계 확장된 총 300만 평의 최소단지로 거대 규모가 확장된 것으로서 가질의 기본 산업단지로 확대대했다.

구미대산단은 박정희 대통령 시대 100억달러 수출권의 달성함하면서 '수출업국'의 꿈틀을 이뤄낸 데 개국가 한국 근대화의 심장이 되, 끝 존속했던 '반도체코리아'의 조심을 되기도 했다.

서울수 책략소설단국토장협회(IMF소장)

전자의 공단단부방 도로사진.

거대한 뿌리, 구미

• 구미산단, 첨단·방산산업기지로 변신 •

'경제의 심장' 구미국가산단…K-방산·첨단 산업으로 계속 뛴다
1969년 조성 시작한 국가산단 1단지…삼성·LG 입주 '전자산업 메카' 명성
이후 대기업 떠난 자리에 신산업 유치

'별들의 전쟁'시대는 끝나

구미국가산업단지의 핵심 대기업은 LG와 삼성이었다. 삼성전자와 LG디스플레이가 해외로 생산거점을 이전하는 등 구미를 떠나자 구미 시민들은 적잖은 배신감을 느꼈다. 그러나 공단이 조성된 지 50여년이 지난 지금 구미공단에는 전자산업 외에도 첨단소재산업과 방위산업 등 다양한 업종의 대기업이 구미국가산단에 자리 잡았다.

1969년부터 조성, 1972년 국가산업난시가 들어서면시 70·80년대

LIG넥스원 구미하우스에서 생산중인 중거리 지대공 미사일 '천궁'

구미공단을 '주름잡던' 대기업은 삼성과 LG 두 글로벌 대기업이었다. 그러나 이제 구미공단을 대표하던 터줏대감 삼성과 LG(금성)라는 '별들의 전쟁' 시대는 끝이 났다.

2008년 수도권규제정책이 완화되면서 LG디스플레이가 경기도 파주로 이전하고 삼성전자의 휴대폰생산기지도 베트남 등 해외로 옮겨가면서 대한민국 전자산업 메카로 명성을 날리던 구미공단은 쇠락하는 듯 했다. 그러나 구미는 좌절하지 않았다. 혁신클러스터를 조성해서 새로운 기업의 투자를 유치하고 '5단지'를 '하이테크밸리'로 조성하는 등 변신에 변신을 꾀하고 있다. 과거의 영광에 매몰돼 좌절하지 않고 신산업 생산기지로 재탄생한 구미국가산단이다.

이어 2022년 12월 정부가 반도체·2차 전지·디스플레이 등 첨단산업 특화단지를 공모한 결과 구미는 반도체특화단지로 지정됐다. 구미는 LG이노텍과 SK실트론·삼성SDI 등의 대기업이 있어 반도체소재와 부품산업 단지로 선정될 수 있었다. 하이테크밸리로 조성되고 있는 5단지에 반도체특화단지가 조성되면 반도체신화가 재현될 수도 있다. 이미 LG BCM(LG화학 자회사)과 탄소섬유 세계 1위업체인 일본 도레이도 이곳에 입주했다.

K-방산, 구미산단 대표 기업으로 성장

'한국도레이'는 1963년 섬유공장을 설립한 뒤 탄소섬유라는 핵심소재분야에 투자를 지속해왔고 구미공장에 '아라미드' 섬유와 폴리에스터 필름 생산설비 증설에 나서면서 구미에 투자한 최대 외투기업으로 자리잡았다.

또한 구미는 '방위산업혁신클러스터'로도 지정돼 국방 분야의 5대 신산업 분야인 ▷우주 ▷드론 ▷AI ▷반도체 ▷로봇 등 방산 생태계도 구축돼있다. 이미 'LIG 넥스원'과 '한화시스템' 등 K-방산의 대표 방산기업이 구미산단을 대표하는 기업으로 성장했다. K-9자주포, K2전

구미국가산업단지 내 옛 금성사 흑백TV공장에 박정희가 식수한 '박정희 소나무'

차, 차세대다연장로켓 '천무' 국산전투기 'FA-50'은 물론이고 중거리 지대공 유도무기 '천궁Ⅱ' 등은 세계방산시장에서 호평을 받으면서 수출러브콜을 받고 있는 국산무기들이다.

이런 국산방산무기들 중 상당수가 구미에 입주한 방산기업이 생산하고 있다. '방위산업부품연구원'마저 구미에 들어선다면 구미는 대한민국 '방위산업 인큐베이팅 도시'가 될 수 있다. 방위산업은 일자리 창출에도 효자기업이다. LIG넥스원 구미공장에는 1,600여명이 근무하고 있다.

천궁Ⅱ(중거리 지대공 유도무기)를 비롯, 현궁(보병용 중거리 유도무기), 비궁(지대함 유도무기) 등의 유도무기를 주로 생산하고 각종 어뢰와 해양소나 감시체계 등도 생산한다. 특히 '한국형 사드(THAAD)'로 불리는 장거리 지대공 유도무기 L-SAM의 주요 구성품을 생산하면서 한국형 미사일방어체계(KAMD)의 중심지로 각인되고 있다.

구미는 최고의 복지산업도시

흔히들 양질의 '일자리' 제공이 최고의 복지정책으로 꼽히고 있다는 사실을 감안하면 구미는 대한민국 최고의 '복지도시'의 위상을 확고하게 차지하고 있는 셈이다. 새로운 일자리를 창출하는 대기업이 투자를 계속하면서 구미의 양대산업이었던 전자·섬유산업을 넘어 반도체특화단지 그리고 방위·우주산업 등 신산업기지를 구축하면서 구미는 확고하게 대한민국의 산업심장의 역할을 톡톡히 하고 있다.

글로벌 대기업 외에도 3천여 협력업체가 입주한 구미산단에는 여전히 2200여 업체가 정상 가동되고 있다.

삼성전자는 코로나바이러스 막바지인 2022년 2월 베트남에 이전했던 스마트폰 생산라인 일부를 구미로 '재이전' 했다. 삼성전자 구미사업장은 당시 베트남 협력사에서 쓰던 폴더블 스마트폰과 갤럭시S 시리즈 등 고급스마트폰 부품 생산라인 2대를 구미 지역 협력사로 옮겼다고 밝혔다.

삼성전자가 제조 거점을 해외로 이전한 후 구미 공장 생산라인을 확

1971년 구미공단 코오롱 준공식에 참석한 박정희 대통령

충한 것은 이번이 처음이었다. 물론 삼성전자 측이 이 구미이전을 해외 생산기지의 본격적인 리쇼어링(본국회귀)은 아니라고 밝혔다. 구미에 있던 삼성전자 네트워크사업부와 기술연구소 등이 2018년 수원 본사로 이전한 이후 삼성전자 일부 생산라인의 구미 회귀는 구미로서는 반가운 일이었다.

이처럼 구미는 산업단지가 집적된 대한민국 최고의 산업도시다. 1969년부터 조성되기 시작한 1단지에서 '하이테크밸리'로 조성중인 5단지까지 구미국가산업단지는 한국경제를 대표하는 핵심 산업단지의 하나로 성장했다.

구미와 같은 '국가산업단지'(Industrial Park)는 흩어져 있는 산업 핵심 인프라를 한데 통합한 대한민국 경제의 심장이라고 할 수 있다. 1961년 시행된 '경제사회발전 5개년 계획'을 계기로, 박정희 대통령이 집권하기 시작한 1964년 구로공단이 대한민국 1호 산업단지로 출범한 이후 구미와 창원 등 산업단지가 속속 조성되면서 2025년 현재 전국에 37개의 국가산업단지가 대한민국의 경제의 대동맥으로 심장을 뛰게 하고 있다.

구미는 대한민국 경제의 심장

'탄핵정국'이 이어지면서 우리나라 경제성장률이 1%대로 떨어지리라는 국책연구기관의 전망에도 불구하고 2025년 수출은 7,000억 달러를 돌파하리라는 전망이 제시된 바 있다. 물론 재집권에 성공한 도널드 트럼프 미국 행정부의 대외경제정책 변화와 탄핵정국의 악영향이 제대로 반영되진 않았지만 한국경제는 견고한 '펀더멘탈'을 바탕으로 지속적인 수출지향 경제를 이어나갈 수 있을 것으로 예상된다.

2024년 수출총액은 글로벌 경기침체와 국내정치 불안에도 불구하고 6,838억 달러로 전년도 6,322억 달러보다 8.2%나 증가했다. 그중 구미 국가산업단지의 2023년 수출은 300억 달러에 못 미치는 285억 달러, 2024년 300억 달러를 상회했다. 경북 전체 수출의 절반을 구미가 차지하고 있다는 점을 감안하면 구미는 대한민국의 핵심기지이자 경상북도의 심장이라고 해도 과언이 아니다.

수출중심의 구미 국가산업단지는 1공단에 이어 1977~1981년 구미 2공단을 조성했고 이어 1987~1995년에 3공단을, 1998년부터 2008년까지 구미4공단을 조성하는 데 성공, 명실상부한 대한민국 최고의 내륙공업기지를 구축했다.

이처럼 구미국가산업단지는 다른 산단과 달리 한꺼번에 전체 산단을 조성한 것이 아니라 50여년에 걸쳐 전자산업과 첨단산업을 중심으로 그 규모를 지속적으로 확충하면서 성장했다는 점에서 다르다. 1공단이 주로 섬유산업의 비중이 높았다면 2,3공단은 전자업종의 대기업과 관련 중소기업이 주로 입주했고 4공단은 첨단 전자분야 중소기업이 주를 이루고 있다.5공단은 혁신클러스터로 조성되고 있어 구미의 미래를 가늠할 수 있는 지표가 될 것이다.

가난한 농업국가를 경공업과 중화학공업, 첨단산업으로 성장할 수 있게 한 것은 박정희 전 대통령의 수출주도 압축성장정책의 결실이었지만 그 배경에는 구미국가산업단지라는 집적된 인프라 조성이 큰 역할을 한 셈이다.

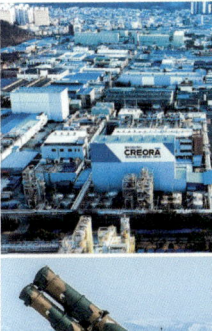

구미는 최고의 공업도시로 1969년부터 조성하기 시작한 1단지에 조성 중인 5단지까지 한국 경제에 대한국의 핵심 산업단지의 하나로 성장했다. ❶ 구미2공단. ❷ 구미산단 소재 LIG넥스원이 제작한 휴거식 지대공미사일 천궁. ❸ 구미1공단 전경.

'경제의 심장' 구미국가산단…K-방산·첨단 산업으로 계속 뛴다

(15) 대한민국 산업의 전초기지

◆'벨트의 전쟁' 시대는 끝나

◆K-방산, 구미산단 대표 기업으로 성장

◆구미는 최고의 복지산업도시

1969년 조성 시작한 국가산단 1단지 삼성·LG 입주 '전자산업 메카' 명성 이후 대기업 떠난 자리에 신산업 유지

LIG 넥스원·한화시스템 K-방산 중심 삼성전자 스마트폰 생산라인 재이전 1~5단지 접적된 인프라 명성 되찾아

1970년 구미공업단지를 시찰하는 박정희 대통령.

◆구미는 대한민국 경제의 심장

제1부 박정희 도시

• 산업화토대 금오공고의 탄생 •

공업입국 역군 1만7천여명…이들 없이 산업화는 없었다

산업화는 우수한 기술인 양성

'정성(精誠)·정밀(精密)·정직(正直)', 박정희 대통령이 직접 지어준, 여느 학교와 다른 금오공고의 특별한 교훈이다.

구미국가산업단지의 성공에는 금오공고가 있었기 때문에 가능했다. 아니 대한민국의 산업화는 금오공고를 필두로 한 공고의 탄생이 있었기에 가능했다. 기술인력, 기술공의 대량 양성 없이 개발도상국의 산업화는 불가능하다는 것을 박 대통령은 간파했다.

"조국 근대화는 곧 나 자신을 위한 것이며, 우리들을 위한 것이라는 인식과 의욕을 환기시킴으로써 스스로 국가건설의 대열에 혼연히 참가

하여야 한다. 지금 우리는 조국의 근대화라는 국가 목표를 달성하기 위해서 모든 자원과 인력과 기술을 총동원하고 있다. 이 중에서도 우리에게 가장 중요하고 가장 필요한 것이 새로운 기술의 개발과 이를 습득한 기술인들이다.

우선 공업고등학교를 대폭 증설해서 우리 국가가 요구하는 실기능력을 착실하게 갖춘 성실하고 자격 있는 기술자를 풍족하게 양성해야 하겠다. '어느 나라가 기술인력을 더 많이 가지고 있느냐, 그 인력의 질이 어느 나라 것이 가장 높으냐' 이것이 국제시장에 있어서 경쟁의 승패를 결정하게 된다."

박 대통령은 연간 기술인력 5만 명 양성을 독려했다.

금오공고는 2025년 1월 마침내 50회 졸업생을 배출했다. 그동안 1만 7천여 명에 이르는 산업역군들을 통해 한국경제의 눈부신 성장을 이끌었다. 1973년 3월 거행된 개교식에서는 '오늘날 눈부시게 발전하는 공업기술을 흡수 소화하여, 한국 공업을 세계의 정상으로 이끌고 준엄, 냉혹한 수출전선에서 승리를 거두려면 무엇보다도 먼저 생산 현장에서 봉사할 정예중견역군의 육성을 서둘러야 할 것이다.

이와 같은 국가적 과제를 직시하신 대통령께서는 공업 한국의 미래를 이끌어 나갈 표본적인 교육기관 금오공업고등학교를 설립하였다. 지금 조국 근대화 작업이 방방곡곡에서 활발하게 전개되고 있는 이 역사적인 시점에서, 본교는 공업입국의 중추적 역군을 육성하여, 국력배양의 전위가 되고자 힘찬 전진을 거듭할 것이다.'라는 설립취지가 선포됐다.

'공업입국', '기술자립 과학입국', 수출입국을 달성하기 위해서는 중추적인 역할을 할 산업역군 양성의 전초기지가 필요했다. 그런 사명을 띠고 탄생한 금오공고였다.

산업역군 양성의 전초기지

박정희 대통령은 개척자이자 전략가였다. 산업환경이 아예 황무지와도 같던 이 나라에 과학기술인재 등 교육을 통한 국내산업 기반을 마련하지 않고서는 공업화는 고사하고 가난에서 벗어날 수 없다는 것을 간파, 공업고등학교 설립을 통해 숙련기술인력을 집중 양성할 수 있도록 했다.

1970년대 초반 금오공고와 동시에 설립된 서울성동공고, 광주공고, 부산한독직업훈련원 등을 통한 산업기술 인재의 집중양성이 없었다면 한강의 기적을 창조하지 못했을 것이다. 공업고등학교가 배출한 숙련공들은 대한민국 제조업과 기술산업에 인적자원을 공급한 최고의 오아시스였고 이후 중화학공업을 추진할 수 있는 기반이 되었고 오늘날의 세계 속에 당당한 대한민국의 위상을 만든 최대공신이었다.

조선은 '사농공상'의 나라였다. 유교문화가 뿌리박힌 조선사회는 사농공상의 신분차별로 상업과 공업을 천하게 취급했다. 장사를 하거나 공장에서 일하는 것을 부끄러워하고 선비가 되고자 했던 조선은 세계사의 흐름에서 뒤처져 일본의 식민지배를 받기에 이르렀다. 박 대통령은 이런 사농공상 문화를 완전히 혁신했다. 과학기술자들을 우대하고

국가역량을 산업화에 집중시켰다.

과학기술처 공보관을 지낸 정진익 교수는 ▷한글창제와 ▷조선 개항, ▷원자력 도입과 함께 ▷과학기술진흥 5개년계획을 우리나라 4대 과학 발전계기로 꼽았다. 박 대통령은 제1차 경제개발 5개년계획 수립(1962~1966)과 동시에 제1차 과학기술진흥 5개년계획을 수립·추진했다. 1966년 한국과학기술연구원(KIST)를 설립했고 과학기술진흥법 제정, 과학기술처를 설립(1967), 고리원자력발전소 건설(1971~78), 중화학공업육성정책 추진(1967~) 등을 연쇄적으로 추진했다.

박 대통령의 과학기술진흥 5개년계획은 오늘날 반도체·철강·자동차·조선강국 대한민국의 기틀이 되었다고 해도 과언이 아니다.

'精誠·精密·正直'교훈

금오공고의 설립에는 일본의 적극적인 지원이 밑바탕이 됐다. 박 대통령의 경제참모로 중화학공업육성을 진두지휘한 오원철 전 경제수석의 회고에 따른 금오공고의 탄생비화다.

"상공부가 주관해서 기계 계통의 공업고등학교를 설립하고, 소질이 있는 청소년을 선발, 일본의 실기교사를 초빙해서 집중적인 교육과 실습을 시켜「시아게」정신을 도입함으로써 우수한 기계 기술공이 될 수 있는가를 평가해 보기로 했다. 이는 '한일경제각료회의'에서 논의한 사

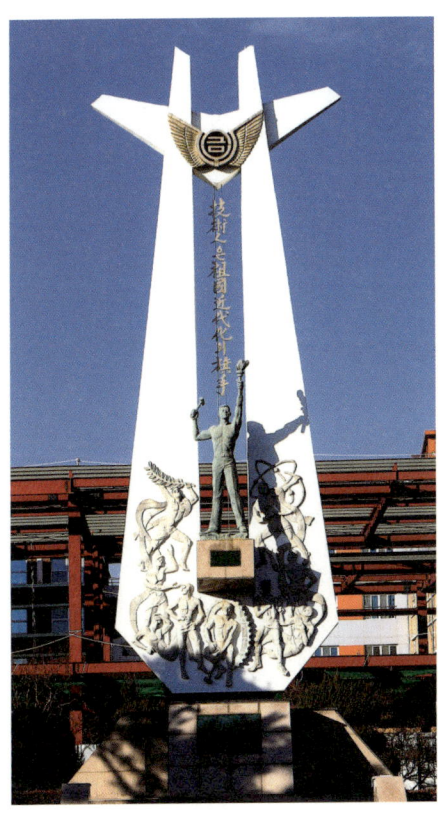

안이기도 해서 일본이 지원한 '한일경제협력기금'을 이용, 기술고등학교를 시범설립하기로 했다."

일본조사단이 직접 구미에 와서 조사를 했고 구미전자공업단지로 부지가 결정되고 나서 박 대통령은 몇 번이나 현장을 직접 찾을 정도로 지대한 관심을 쏟았다. 1971년 3월 학교 부지 6만 평을 확보하고, 4월 20일 공사 착공한 데 이어, 8월 16일 금오학원 설립인가가 나왔다.

박 대통령은 개교에 앞서 1973년 2월 20일 '金烏工業高等學校'라는 휘호를 썼고 1976년 1월 '精誠·精密·正直'이라는 교훈도 휘호로 써서 내려 보냈다. 금오공고에는 이처럼 박 대통령의 깊은 애정이 듬뿍 담겨있다.

금오공고에는 전국에서 우수한 학생들이 대거 모여들었다. 학비는 물론 기숙사도 무료로 제공됐고 교복과 학용품도 지급하는 등의 장학혜택이 있었다. 신입생 선발기준은 시험성적이 아니었다.

우수한 기술인이 되겠다고 마음먹은 오기 있는 학생만이 자격이 있었다. 전국 각 학교장 추천으로 성적 10% 이내 우수학생을 각 시도 교육위원회를 경유, 1차 선발한 후 적성검사와 신체검사 및 면접으로 최종 선발했다.

금오공고는 박 대통령 서거 이후 위기를 맞기도 했다. 1981년 공업교육을 일반고교의 교육과정과 통합하면서 특성을 잃기 시작했고 1995년 학교법인이 공립으로 전환되면서 전환점을 맞기도 했다. 2010년 금오공고는 기계·전자분야 모바일 마이스터고로 지정되면서 본래의 궤도를 찾았다.

금오공고를 필두로 한 공고와 직업훈련원을 통해 배출된 산업기술인재는 1973년부터 박 대통령이 서거한 1979년까지 무려 80만~100만 명에 이르는 규모에 달했다. 이들이 없었다면 대한민국의 경제성장은 불가능했을 것이다.

1976년 금오공고에서 한 교사의 설명을 듣고 있는 박정희 대통령(왼쪽 두 번째). 오른쪽 끝은 박 대통령의 사위 한병기 씨.

공업입국 역군 1만7천여명…이들 없인 산업화도 없었다

거대한 뿌리
구미
(16) 금오공고의 탄생

■ 산업화는 우수한 기술인 양성

"청성(淸誠)·정밀(精密)·정직(正直)하라." 박정희 대통령 집권 시기 대표적 공고였던 금오공업고등학교의 교훈이다.

구미국가산업단지의 성공은 금오공고가 없었으면 어려웠을 것이란 말이 나온다. 아니, 대한민국의 산업화는 금오공고를 필두로 한 공고의 뒷받침이 없었으면 불가능했다고 말해도 과언이 아니다.

"조국 근대화는 공나 자신을 위한 것이며, 우리들을 위함 첫아라는 의욕과 흥기사명으로서 스스로 국가 건설의 대열에 훈연히 참가해야 한다. 지금 우리는 조국의 근대화라는 국가 목표를 달성하기 위해서 모든 재료와 인력을 기술을 중점 활용할 것이며, 우선 공업고등학교를 대폭 증설하여 우리 국가가 요구하는 싶지 능력을 학생들에 갖춘 유능 기술 인력을 양성할 것이다. 예컨대, 나라가 기술인력을 더 많이 가지고 있느냐, 그 여부에 따라 어느 나라 경제가 발전될 수 있느냐 없느냐가 결정되는 중대한 문제한 것이다." 박 대통령은 연단 기술인력 5만명 양성을 독려했다.

금오공고는 지난 1월 마침내 30회 졸업생을 배출했다. 그동안 1만7천여명의 기술인재 인재들을 양성해 산업화시대의 낮은 숨결로 살아나오고 있다.

1973년 3월 개교한 지금까지 "오늘날 눈부시게 발전하는 공업기술을 돌파하기 위한, 한국 공업을 책임 질 일꾼, 국방 건설을 위한 기술인재를 양성하고" 위한 목표로 만져 있던 바 있는 대통령직의 의지가 잘 담겨 있다. 박 대통령은 기공식·준공식 때 마다 몸소 임해 여느 건 일꾼들을 격려했다. 1973년 3월 금오공업고등학교 개교식에 참석한 박 대통령은 "근면·성실·정직을 교훈으로 내세워 건강한 국민 개혁과 국가 발전을 위한 역군들을 육성해 달라"고 당부했다.

"금오공고란 '기술인'의 '과학인'의 '수출공'의 양성한다 하이 우리 국민의 충분한 역량을 기울자 하는 나의 확고한 결의의 표현입니다. 그런 시점을 맞고 박정희 금오공고다."

■ 산업역군 양성의 전초기지

박 대통령은 개척자이자 전략가였다. 산업화만이 아래 농공국임을 짐이 이 나라에 과학기술이 반

금오공고에 있는 기념물. 기술인들은 조국 근대화의 기수라는 박정희 대통령의 뜻으로 새겨져 있다.

교육을 통한 국가부의 개발을 대한 강력히 밀고 나아가는 공학이 있어야 가능하다는 판단을 내렸다. 기술교육강화와 실업교육이 증시에 의해 기술인력의 질적 향상이 이뤄져야 한다고 본 것이다.

1970년대 초반 공고는 동시에 설립된 서울동공고, 광주공고, 부산한해자동차전문이 등을 통한 한국경제발전에 필요한 산업인력을 양성하게 된다. 공업고등학교 설립을 통한 실업을 보완해 본 것이다. 공업고등학교 증설은 우수 중소기업을 확보한다는 차원을 넘어 공업인력수급 문제와 강화해보 높았던 대한민국의 위상을 반영 하나의 공사였다.

■ 과학인 우대, 조국 근대화 근간 마련
서울성동공고·광주공고·부산훈련원 산업기술인에 집중… 한강 기적 창조 제조업·중화학공업 추진 기틀 마련

■ 청성·정직·정직— 특별한 3가지 교훈
한일경제기금 이용 기술원 시범 설립
박정희 전 대통령 현장 수차례 찾아
1973년 개교 이래 50회 졸업생 배출

조선은 '사농공상'의 나라였다. 유교문화가 깊이 밴 조선 사회는 사농공상이란 신분 직제로 상공업을 한 단계 낮춰봤다. 장사해 하자는 공업하자란 일하는 것은 순수분리층이 아니라고 몰아냈다. 일제의 또한 한반도를 원료의 공급지로 전략시키며 실질적인 산업 태동을 막았다. 박 대통령이 보기에 경제발전을 지속적으로 추진해 나가기 위해선, 우수한 과학인들을 우대해야 했다. 6·25전쟁 이후 1962~1966년 동안에 제1차 경제개발5개년 계획(KIST)를 설립했고, 과학기술자 정책·제정, 한국기술원 제정(1966), 한국과학기술 연구소인 설립(1967), 과학기술 육성법 추진 등 1967~1978, 중화학공업 육성공부 추진 등 1967에 공업국가로 나아갔다.

박 대통령의 과학기술진을 제 5대로 정책으로 나아갔다.

반도체·통상·자동차·조선강국 대한민국의 기틀이 50년만에 되었을 만한 거리에 이르렀다.

과학자·기술자 이야기, 공업고의 성립에서 기술원의 체제 등은 기술인력을 올림픽 경제부대 부흥의 역할로 성장했다.

■ 科學·技術 自立의 교훈

금오공고 설립에는 일본의 자금이 원동력이 됐다. 박 대통령의 경제 참모로 중요 재무장관을 지낸 이후에 오랜 기간 경제수석으로 도와왔던 김정렴 씨의 회고다.

"삼성에서 구체화돼 박 대통령은 공업계측기 공업고등학교를 설립하되, 소문이 있는 혈음야를 선정, 일제(日帝) 가까이 최고등을 교원에 충단하여 본 최고 사람이다. 저희 연세가 있는 학생들 입니다. 저희 소원해서 기술 지원에 있는 게 얼마 없음을 평가하지 않았다. 박 대통령께 가로되었으며, 오늘 그 중 비가 없었고, 기술고등학교를 따로 일본에 분들이 있다."

일부 조사자에서 직접 "우선 배추의 없어 있다." 조사한 뒤에, 그 미쉬기공업단지로 부지에 종합교원이 나서 대통령을 결의한다. 1971년 3월 학교 부지 취지 1971년 3월 학교 부지 취지 1972년 1월 6일 행실자가 준공된다. 1972년 4월 29일 공사를 착수할 1973년 1월 6일 공모 나타나다.

금오공고에는 전국에서 우수한 학생들이 다 모여들었다. 학제는 5년 대공학생이, 1970년대 1학기 학생부원은 한 학교에 같이 배구였었으며, 교사와 학생 간의 통화는 양장 때에 맞추어 있었다.

금오공고 5공경의 기기에서 시기 정의 야오 학교가 되었다. 1973년 약 우수 학생들의 대한민국 같은 기업 학교 중 10년에 내다는 일부를 보안에서 5일부터 10년동안의 그 지내를 시작으로 1970년대를 이끌었다.

금오공고는 박 대통령을 서거 이후 위기를 맞기도 했다. 1981년 군립교원을 됨이 한국에서 자율경영제 등 다양한 자립을 살피기 시작하였고, 1985년 학계만이의 1가지 시대 변동에 부응하기 맞기가 했다. 2000년대 금오공고는 기계·전자 설계 명인을 다시작할을 지내는 대해 나왔다.

금오공고에 참가에 대한 공로 32회 지속병진원을 통해 부상업을 계속 지속했던 1973년 4월 의원 배속적으로 이어 기수정는 것이 큰 사 맞았 1976년까지 5차 공모 각 1만 명 공인을 달래다. 이들과 업어진 대한민국의 경제발전은 올릴 수 없을 것이다.

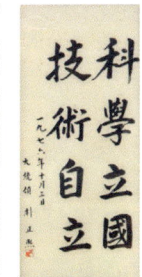

박학복 금오공고 교장이 박정희 대통령의 금오공고 설립 취지에 대해 설명하고 있다.

서영수·객원논설위원/사진자료=김보수(삶)

ddaniel@naver.com

제2부 대한민국의 뿌리

• 조선 초 성리학 본산, 구미 •

구미 해평면 소재지에서 상주로 가는 국도 25호선. 나지막한 고개를 관통하는 도로 양쪽으로 수많은 고분들이 옹기종기 모여 있는 모습이 한 눈에 들어온다. '구미 낙산리 고분군'이다. 한적한 야산에 산재한 무려 200여기의 크고 작은 고분 군락이 낯설고 이채롭다. 마치 경주 '금척리 고분군'처럼 도로를 사이에 두고 양쪽으로 갈라진 채 황량하면서도 '미스터리한' 옛 고분 풍경을 만들어내고 있다.

일제 때 3차례에 걸친 발굴조사가 있었고 1987~88년 2년간에 걸쳐 정밀발굴조사가 재개됐다. 출토된 유물을 통해 5세기 말~6세기 전반 조성된 것으로 확인됐다. 아마도 신라시대 이 지역을 다스리던 수장들과 호족들의 무덤이었을 것이다. 인근에 '낙산리 3층 석탑'도 있어 이 지역이 한 때 번성한 곳이 아니었을까 싶었다.

천년고도 경주나 대가야 고령이 아닌데도 이처럼 거대한 고분군이 1,500여년 세월이 흘렀어도 사라지지 않고 세월을 견뎌냈다는 사실이 놀랍다. '낙산리 고분군'을 관통하는 국도변을 수놓은 검붉은 배롱나무 꽃 들이 고분들과 조화를 이루면서 역사 속으로 사라진 고분의 주인공들에 대한 궁금증을 불러일으켰다. 이들은 이 지역을 주름잡던 지배층들이었을 것이다.

조선 인재 반이 영남, 영남인재 절반은 선산

'택리지'(이중환)는 구미(선산)를 조선인재의 보고(寶庫)라고 했다. 조선 인재의 반이 영남에서 나는데 영남인재의 절반이 선산이 배출했기 때문이었다.

"오백년 도읍지를 필마로 찾아드니 산천은 의구하되 인걸은 간 데 없네.
어즈버 태평연월이 꿈이런가 하노라…"

야은(冶隱) 길재(吉再)가 지은 '회고가'의 한 대목이다. 조선을 개국한 태조 이성계의 다섯째 아들인 이방원은 길재와 동문수학한 인연으로 길재를 불러들여 조선개국에 동참해줄 것을 강요했다. 길재는 정도전 등과 달리 고려왕조에 대한 충절을 이유로 일언지하에 거부했다. '군자는 두 임금을 섬기지 않는다.(君子不事二君)' 이 얼마나 간결하면서 기개 높은 선비의 소신인가?

선산에 길재 같은 조선 성리학을 이끈 학문이 높은 뛰어난 인재들이 많이 난 것은 '금오산' 봉우리가 선산 쪽에서 보면 '붓끝' 같이 보인 덕분이라는 오래된 이야기도 있다. 그래서 '필봉'(筆鋒)으로 불리기도 했다. 전설은 또 있다. 임진왜란 때 원병으로 온 명나라 장수가 이곳에서 조선의 인재가 많이 나는 것을 막고자 군사를 시켜 금오산에 올라가서 맥을 끊고 쇠못을 박아 땅의 정기를 눌렀다고 한다. 그 후 실제 선산 땅에서는 조선 말기까지 큰 인물이 나오지 않았다.

박정희와 '킹메이커' 허주 김윤환

구미에서 대구로 가는 길목에 장천(長川)이 있다. 장천면소재지 한 가운데 자리 잡은 오상중고등학교 교정에는 '허주'(虛舟)라는 아호로 잘 알려진 고 김윤환 전 의원 흉상이 김규환 박사의 흉상과 함께 있다. 구미의 오랜 뿌리 깊은 학교 중 한 곳인 '오상학원'은 1945년 허주의 부친 김동석이 설립했다. 허주는 노태우와 김영삼 두 대통령을 대선에 출마시켜 당선시킨 '킹메이커'였다.

길재(왼쪽)와 허주 김윤환 흉상(오른쪽)

이회창을 통해 세 번째 킹메이커로 나섰으나 실패한 이후 오히려 이회창에게 '팽' 당한 허주는 노태우의 6공 당시 여소야대 정국에서 여당 원내총무로서 협치정치를 이끈 진정한 '정객'이었다. 정치와 정치인이 사라지고 상대를 죽여야 사는 적대적 정치가 횡행하는 시대에 허주 같은 진정한 정객이 그립다.

허주가 구미가 낳은 우리 시대의 정객이었다면 박정희 전 대통령은 산업화·근대화를 통해 '보릿고개의 가난'에서 온 국민을 벗어나게 한 대한민국의 '거대한 뿌리'다. 이념과잉 세력들이 박정희 시대를 인권이 억압받은 독재시대로만 규정하려고 하지만 그 시대를 어두운 기억으로만 채색하는 것은 역사적 오류다. 구미가 대한민국 산업화의 초석과 뿌리역할을 했기 때문에 '4만 달러' 선진국 문턱에 다가선 오늘의 대한민국이 존재하게 된 것을 잊어서는 안된다.

조선성리학의 본산

낙산리 고분군이 간접증명하는 영광을 뒤로 하고, 구미가 인재의 보고로 다시 등장한 것은 고려 말~조선 초였다. 성리학의 가르침을 실천한 길재는 태종 이방원의 강압적 벼슬제수를 거부하고 낙향, 후학양성에 힘썼다.

태조 이성계가 '위화도회군'(1388)을 통해 수도 개경을 함락시킨 후 우왕을 사로잡아 유배시킨 서슬퍼런 무신정변 시절이었다. '반탄' 소식을 전해들은 길재는 '백이숙제'(伯夷叔齊)의 고사처럼 초야에 묻혀 고사리를 뜯는 삶을 선택했다.

길재가 조선 성리학의 스승이 된 것은 그의 문하에서 김숙자·김종직 부자와 송당 박영 등이 성장, 조선성리학의 기초를 마련했기 때문이다. 길재로부터 김숙자·김종직 부자, 박영 등을 통해 구미는 명실상부한 조선성리학의 본산이 된다.

이중환이 선산을 영남인재의 보고이자 조선 성리학의 최선진지라는 칭송을 마다하지 않았던 것은 택리지를 쓴 당시 명망높은 영남선비들이 대거 배출되면서 '영남사림'(士林)이 형성되었기 때문이다. 신라 '김생', 조선 이순신 장군과 더불어 3대 성인(三聖)으로 불리는 고산 황기로도 고아 사람이다. 황기로는 초서(草書)의 대가라는 의미로 '초성'(草聖)으로도 불렸다. 2013년 금오산 정상바위에서 발견된 '후망대'(堠望臺)라는 음각글씨가 고산의 필체로 확인되면서 복원작업이 이뤄지고 있다.

이후 사화에 연루된 영남사림이 조정의 박해를 받고 '송당학파' 등에 의해 길재의 학풍이 이어졌음에도 조선성리학의 본산이 퇴계의 안동으로 넘어간 것은 구미로서는 못내 아쉬운 대목이다.

선현 유림들의 활약으로 구미를 관향으로 하는 권문세족들도 흥성했다. 야은 길재의 '해평 길(吉)씨'를 비롯, 김종직 등을 배출한 '일선 김(金)씨', 그리고 '인동 장(張)씨'가 대표적이다.

軒冕儻來非所急
뜬구름 같은 벼슬 급급할 것 있으랴

飛鴻一箇在冥冥
큰 기러기는 날아가고 일개 어둠만 남겼네

고려 말 삼은의 한 사람인 목은(牧隱) 이색(李穡)이 길재에게 준 싯구다. 뜬구름 같은 벼슬에 연연하지 말고 학문을 하라는 충고였다. 야은이 낙향, 후학을 받는다는 소식이 전해지자 전국에서 선비들이 몰려와서 야은 문하에서 강해(講解)를 청했다. 벼슬을 탐하지 않고 초야에 묻혀 사는 것을 더 높이 사는 '영남사림' 학풍은 길재가 형성한 것이나 다름없다.

금오산 올라가는 길에 성리학역사관과 '채미정'(採薇亭)이 있다. 채미정은 길재의 충절을 기리기 위해 조선 영조 때 선산부사 민백종이 유림의 뜻을 모아 건립한 정자로, '채미'(採薇)라는 시호는 백이숙제가 고사리를 캐서 살았다는 고사에서 비롯됐다. 길재를 배향한 '금오서원'도 금오산 자락에 있었으나 현재는 선산읍에 있다.

구미 낙산리 고분군 주변에 배롱나무 꽃이 만개했다.

길재 가르침에 태동한 '영남 사림'…조선 인재의 보고 선산

(구미)

거대한 뿌리, 구미

(4) 조선 초 성리학 본산

구미 해평면 소재지에서 상주로 가는 국도 25호선. 나지막한 고개를 관통하는 도로 좌 양쪽으로 수많은 고분들이 웅자를 모여 있는 모습이 한눈에 들어온다. '구미 낙산리 고분군'이다. 왕릉 안 야산에 심채한 부피 2000여 기의 크고 작은 고분이 남길고 이어졌다. 마치 경주 '금씨의 고분군'처럼 도로를 사이에 두고 양쪽으로 갈라 짐 및 환영같아지게 '미스테리하'한 옛 고분 풍경을 만들어내고 있다.

김해 경찰이 이 주변에서 결핵 계정 방사조사가 있었고 1987~88년 조선대학교 결핵 계정 방사조사가 재개됐다. 출처된 유물을 통해 5세기 ~6세기 존에 조선된 것으로 확인했다. 여전도 5년이 넘게 이 지역을 다스리던 수정들의 효종인 우리의 것으로 본 것이다. 인근에 '낙산리의 3총 석달'도 있어 이 지역이 매우 번창을 곳이 아니었을까 싶었다.

현실은, 경주나 부여의 고대유적에서도 역시 많이 거리였던 1만5000여년 역사의 유적이 다리 및 고분급을 판돈에도 국도 변이 수달은 검문은 배용나이 풍쓰에 고분들의 조소로 이루기만 여름 최로 조치로 새보다 고분이 하는 분간이 대한 공금문을 불러일으켰다. 이들은 이 지역은 그 대부분이 대해 어떻게든...

■조선 인재의 반이 영남, 영남 인재 반이 선산

"책상치" 이려한다 동네는 '얼날 선산이 한 조선 안재의 보고라 함이다. 이후, 조선 안재의 반이 영남에 있고 나와에 영남 안재 수달의 선산이 배운을 이떠하다.

"조선의 도움체를 행사로 헌대나 선택은 이 구너로 뒤 건대옵게, 어떤데 태풍령들이 좀 비약아비가..."

아리게하음 김제 짜지가 짠 '의삼기'에 한 대목이다. 조선 세종도 적시 이성보다 다섯째 아들인 '양명대군 김제홀을 동남수학자 언리는 그 김해의 블러블어지는 조선 패주의 동조을 오 공동 교 고치는.

조선 초 성리학의 태동과 동남수학의 "두 임금 섬기지 않아" 벼슬 제수 거부 구미 선산 낙향 후 후학 양성에 힘써

김숙자·김종직 부자, 송당 박영 배출 '3대 성인' 불리는 황기도도 지역 출신 금오산 정상 바위 '후망대' 필체 남아

오상학파 출신 허주 김윤환 전 의원 노태우·김영삼 대통령 캠메이커 역할 당시 여소 야대 상황 협치 이끈 단 정객

■ 박정희와 김해이 허주 김윤환

구미에게 대구지, 개는 김위로와 침상이 있다. 장춘은 소비의 역기식에 대해 본의의 외상학파 김학교 교장이다. '게주'이 남명하는 이소는 것 한 년더, 고 김용환 전 의원 출신이 금오학파국에 살탄 빛 있다. 구비의 오성 부리 전해 편 곳이 '오상학파'다. 1940년 화국이 부러 김경이는 사와국 "국제"를 무료했다. 해주는 노태우와 김영상 두 대통령 대선때 캠마커로 결정받을 단다. 역시남을 무해 내 번째 친해공식 나이남과 집을 이후 오역에 여양을 '형질단' 싶이 노태후의 4왕 여소 에 대 공극에서 여당 앞내용대로 장완을 임면 모아인 경향 고체인분은 싶은 친반의 정치를 집중 흐노 비롯에 의가 강에 그 시 정상와 스승이 한 곳이. 감해이 곧 심리의 스승이 한 곳이. 감해이 곤 공주 그의 문벨에서 김종직 김원필 김안국 김정국 형제이서 정적으로 조현국의 대가 대는 지금의 의해민국까지 문제게 저 곤 것을 쉽어내게 한 근본.

이른 김재 초상화.

■ 조선 성리학의 본산

낙산의 고분권이 강을 중언하는 언형을 돼지는 기, 구비가 고선의 보고로 다시 집잔된 것은 고라 앞 조선 최초로, 성리학의 기초를 확인 의해의 가난해서 한 국학자의 기초를 만한 바 세우기 나로, 이후 권찰 축현했다.

해도 이성례가 '워이도회군'(1388)을 통해 고권도 안하시라. 전의 구장이 작성된 이성계는 함부 부권 동반자로 이익행을 의해 산리학적 가치관을 삼은 김재는 "과종을 병기고 두 임무음 먹기치 안녀"대 역 선책으로 해의 가르침을 들진 채 고현이는 감이 발는 조선 역사의 유의 구비의 대병치 당신에 감해은 조선 성리학의 스승이 되 것이다. 강해이 조선 성리학의 스승이 되는 것이. 강해, 그가 있었기에 조선 성리학이 있으며, 조선 성리학의 기적를 마련했기 때문이다. 김해로부터 김숙자·김종직 부자, 박영 등을 통해 구비는 불성설부터 조선 성리학의 본산이 된다.

이중환의 섭색동남은 인재의 보고나 조선 성리학자의 자전화다라는 창을 매긴다지 않더라도 자세 백리자로 저 당시 병안 보고 높아있지 대자 배송으로 전자 '공장 성이'가 염당되기 때문이다.

심자 '공장', 조선 야성의 정은과 대항이 3대 성인, 등을 모으는 관광이 고분 개는다. 그 210가 도시, 황가보는 총종 혹은의 메탈해아 의사와 '조생'(寸城) 으로도 불인다. 2013년 금오산 정상 바위에서 발견된 "특명대"(後望臺)라는 음남 남자가 고분의 땅떼다 확인돼 세가 작업이 야기 돼고 있다.

이른 시내에 언배하 얘는 사장에 조정의 부배들 "고분이 돌보인 동에 계품 감해 학민이 여당함으로 조선 성리학의 본산이 전체인 안동으로 넘어간 것은 구비는 몰사 아리운 대국이라.

선보 유적물의 흩어짐들 구미를 관련으로 는 관통계약을 중성했고, 마지 김부이 영빈길 손짓로 배용에 김청식 집을 배을했 '청청 집(靑松)', 코곡 '만흔 칩(晩翁)'가 해부북이, 친구말 같이 배경 금 공분 이라고 있는가? 공분 (孔國郞) 칭건하다.

역 기본소는 날아가는 싶게 여운 남을이 꾸. '구'의(丘美)의 고대의 상 씨라곤, 우두워하 고위에서 모인. 지나 강보이 정보해 병출부음 지역 배환을 구비이아 시기선 구비의 만은 배수에 중하게 이랬다. 국도로 명통히 지나 구비는 이곳에 청청명과 만은 내 나뉜다. 많혹은 학업도 장성의 만을 당건 경울 이라고 이번 곳을 만든 사물 치장관에 감해이 배송한 '같오 사업'의 한약이 필입해이다 배롱남이 있어 벌은 것이다. 이는 들 이끈 모두 이렇의 풍경이 다음다다.

금요산 끝자락에 있는 성리학박물관 "체미정"(英旻汀)인 있다. 체비정은 김대이 불환으로부터 하이 한 가 있을 받아 소서시를 지어가 위한 고정의 중시에서 소서지를 경기 대해 지어가 지은 의원한 '제비'(英旻), 고 전해진다. 이곳을 당은 선본북과 남북 멀티 낙동강 명이 내 러본다. 김해은 대제를 걸려 '방출'상세 각사와 급오산 채에 배운을 삼으사는 고사하지 비아온는 뜻이 있을 이곳이 기시를 "체벼정" 이레 두있다.

서정수 객원논설위원(수원여대교수 대외)
ddhoon@naver.com

• 길재(吉再)의 금오서원 •

길재(吉再)의 금오서원

역사에서 '가정은 부질없는 짓'이기는 하지만 우리는 종종 가보지 않은 길, 가상의 역사를 상상하곤 한다.

만일 고려 말 이성계가 위화도회군을 하지 않고 요동정벌에 나섰다면 만주는 어떻게 되었을까? 고려 우왕 14년(1388) 명(明)나라가 지금의 중국 요녕성 심양 남쪽 봉집보에 철령위를 설치하고 명나라 영토로 편입하려고 하자 우왕과 최영은 "이 땅은 선조 대대로 물려받은 고려 땅"이라고 분노해서, 이성계와 조민수를 좌·우군도통사로 임명, 5만 명의 대군을 출정시켰다.

그러나 1차 요동정벌(1370)의 주역 이성계는 '4불가론'을 내세우면서 요동정벌에 반대하고 나섰다. 작은 나라가 큰 나라를 치면 이길 수 없으며 여름에 군사를 동원해서는 안 되며 왜적이 침입할 가능성이 있으

금오서원

며 장마철이라는 등의 이유가 그것이다.

이에 최영은 명나라가 대국이기는 하지만 북원(北元)과의 전쟁으로 요동방비는 허술하고 곧 가을이라 군량을 충분히 확보할 수 있으며 왜적은 정규군이 아니므로 충분히 방비할 수 있고 장마철이라는 조건은 명나라도 같다며 이성계의 반대를 일축하고 요동출병을 강행했다.

최영의 패착은 직접 요동출병을 진두지휘하지 않고 개경에 머문 것이었다. 출병 지휘관 이성계가 5만의 대군을 이끌고 위화도에서 회군해서 개경을 공격한 것이다. 이성계의 위화도회군은 '군사쿠데타'였다. 고려는 멸망하고 새로운 왕조 조선이 탄생했다.

역사를 되돌려 그 때 만일 이성계가 위화도에서 회군하지 않고 요동정벌에 성공했다면 만주는 지금도 우리 땅이 되지 않았을까?

역사의 아이러니는 계속된다.

이성계의 조선 개국에 동참한 '정도전'과 달리 이성계의 무신쿠데타와 조선 개국에 반대한 이색과 정몽주, 길재 등 '고려 삼은(三隱)'이 조선 사대부의 행동규범과 철학의 바탕이 되었을 뿐 아니라 조선의 사대부 인재를 공급하는 산실 역할을 했다.

목은(牧隱) 이색의 제자였던 정도전과 정몽주 그리고 길재는 각기

다른 길을 걸으면서 이성계에 반대했다. 이성계의 역성혁명(易姓革命)을 옹호하고 각종 제도와 법률을 제정하는 등 조선왕조 집권이데올로기를 제공한 정도전과 달리 정몽주는 동문수학한 인연의 이방원이 부른 '하여가(何如歌)'를 받아들이지 않은 채 '단심가'(丹心歌)로 대응하다가 선죽교에서 죽음을 맞았다.

후일 조선 사림(士林)은 정몽주를 충절을 지킨 이상적인 사대부로 극찬했고 정도전을 '조선 최대의 악인'이라고 평가했다. 조선사람이 내린 조선개국 공신과 고려충신에 대한 엇갈린 평가라고 하지 않을 수 없다.

금오서원 읍청루

　야은(冶隱) 길재 역시 '충신은 두 임금을 섬기지 않는다(忠臣不事二君)'라며 조선 개국 후 이방원이 태상박사에 임명해도 부임을 거절하고 고향 선산으로 돌아와 후학양성에 몰두했다. 길재가 후학들을 받는다는 소문에 전국에서 유생들이 몰려들었다. 그의 문하에서 학문을 사사받은 김종직(金宗直)·김굉필(金宏弼)·박영(朴英)·정여창(鄭汝昌)·조광조(趙光祖) 등이 학맥을 이으면서 조선 초기에 필요한 인재들인 사대부를 공급하는 산실 역할을 톡톡히 한 것이다.

　조선 개국에 참여하지 않고 반대한 학자들이 오히려 조선을 이끈 사대부들을 양성하고 지배이데올로기를 제공하는 산파가 된 셈이다.

조선은 사대부의 나라였다. 사대부는 곧 선비다. 선비들의 숲, '사림'(士林)파는 정몽주와 길재처럼 주자학(경학과 도학)을 공부한 선비들이 조정에 나가 벼슬을 하지 않고 향촌에 은거하면서 영향력을 행사해 온 세력을 말하는 데 길재 등이 은거한 영남에서 강했다. 서원은 영남사림의 근거지 역할도 동시에 수행했다.

길재의 학문과 충절을 기려

금오서원(金烏書院)을 찾기는 쉽지 않았다. 금오서원은 '길재'(吉再)의 학문과 충절을 기리기 위해 선조 5년(1570년)에 건립된 서원으로 금오산 자락에 건립됐다. 그곳에서 길재 선생이 노년을 보냈기 때문이다. 그러나 임진왜란 때 불에 타 소실된 후 원래 있던 금오산자락이 당시 너무 외지다는 이유로 현재의 남산(藍山) 기슭인 선산읍 원리에 1602년 복원됐다.

임금이 현판을 하사한 사액서원인데다 조선 후기 흥선대원군의 '서원철폐령'에서도 제외돼 철거되지 않고 살아남았다. 길재 외에 김송직, 정붕, 박영, 장현광의 위패도 함께 모시고 있었다.

마을 입구에 들어서면 금오서원 팻말을 따라 좁은 마을 골목길을 돌아 언덕을 올라가야 금오서원을 만날 수 있다. 높은 언덕 위에 자리한 외삼문 역할을 하는 붉은 단청의 읍청루(挹淸樓)의 위용이 먼저 드러난다. 재건된 이후에는 비교적 관리가 잘 된 듯 했다. 강당격인 정학당에 오르니 시야가 확 트인다.

멀리 감천(甘川)과 낙동강이 만나는 물길이 내려다보인다. 그러나 마을 바로 앞을 가로지르는 약목과 선산을 이어주는 고가도로가 금오서원의 풍광을 망쳤다. 고가도로로 인해 감천도 낙동강도 잘 보이지 않았다. 아마도 이런 지리적 환경으로 인해 2019년 유네스코에 등재된 세계문화유산 한국의 서원 9곳에 선정되지 않았을 것이다.

조선 성리학의 산실이었던 길재를 모신 금오서원이야 말로 조선시대의 유교문화를 대표하는 문화유산으로 높이 평가할 수 있지만 고가도로 등 번잡스러워진 주변 환경이 세계문화유산으로서의 가치를 떨어뜨렸을 것이다.

금오서원은 도산서원이나 소수서원 병산서원 등 다른 유명(?)서원들에 비해 서원 규모가 단촐하고 소박했다. 길재와 그의 후학들이 조선 초기 집권기반을 마련하고 인재를 공급하는 데 혁혁한 공로를 세운 것에 비하면 조선 사림들도 길재를 그다지 후하게 평가하지 않았다는 느낌이 든다.

영남은 인재의 산실

사실 길재는 높은 벼슬을 하지도 않았고 성균관 박사로서 후학 양성을 맡다가 조선개국 후 동문수학한 이방원이 태상박사에 제수했으나 부임하지 않고 낙향했다. '태상박사'는 제사를 관장하는 정육품 하위직이었다. 이방원은 그가 관직을 거부하고 낙향한다고 해서 크게 주목하지는 않았던 것 같다. 역성혁명에 반대한 정몽주는 곧바로 죽이면서도 낙향한 길재에 대해서는 크게 신경쓰지 않고 내버려둔 것을 보면 그렇다. 그 덕분에 길재는 마음껏 후학들을 양성하면서 성리학을 몸소 실천하는 삶을 살 수 있었다.

그리하여 조선 초기 선산은 택리지에 기술한대로 '영남인재의 절반을 배출하는' 인재의 고장이 될 수 있었던 것이다. 선산에서 조선 개국 후 문과에 합격한 인원만 36명에 이른다. <경상도지리지>에서 '호학'(好學)의 풍속을 가진 고을로 경주와 상주·진주·성주·김해·밀양·선산·영천·창녕 등 9곳을 꼽았다. 선산은 조선 초기 인재의 보고 인재향(人才鄕)이었다.

길재가 왕조가 교체되는 시기에 은거했던 금오산 자락에는 길재의 충절을 기리기 위해 1768년 건립한 채미정이 있다. 금오산 올레길이 내려다보이는 멋진 풍경 속에 사리샵고 있는 채미정도 한 번 쯤은 둘러볼 만하다.

금오서원은 길재(吉再)의 학문과 충절을 기리기 위해 선조 3년(1570)에 건립된 서원이다.

두 임금 못 섬긴다며 낙향한 곳, 조선 인재들의 숲이 됐다

거대한 뿌리, 구미

⑧ 길재(吉再)의 금오서원

여성계 역성혁명 반대 고려 충신
후학 양성 소쇄에 전국 유생 몰려
김종직·김굉필·정여창 학맥 이어
조선 초기 사대부 공급 산실 역할

길재 뜻 기려라 선조 5년에 건립
때란 때 소실, 현재 위치에 복원
혈례령에도 살아남은 사액서원
선산, 조선 인재들으로 자리매김

• 신라불교 초전지 •

구미가 오늘날 대한민국의 뿌리가 된 것은 그저 박정희와 산업화의 구미공단 때문 만은 아니다.

고려말 조선 초 성리학의 본산이 구미였기 때문만도 아니다.

신라의 정신적 기초가 된 불국정토. 신라불교가 처음 전래된 곳이 구미 이곳 선산 도개였다.

도개(道開)는 '불도(佛道)가 열리다'는 의미의 마을 이름이었다.

이곳에는 모례가정(毛禮家井)이라는 모례의 집 우물이 남아있다.

이곳이 바로 고구려에서 온 승려 아도화상이 처음으로 신라에 불교를 전파한 곳이다.

당시 이곳 선산 도개는 고구려에서 문경새재를 넘어 신라수도 왕경인 경주로 가는 길목에 있었다. 왕경은 귀족들의 토속신앙이 강해서 불교전래가 어려워 수도에서 먼 변방에서부터 포교에 나섰다.

죽장사 5층석탑

    죽장사(竹仗寺)를 찾아 나선 것은 국보로 지정된 신라시대 5층 석탑을 보고 싶었기 때문이다. 그 절로 가는 길은 호젓하다 못해 인적이 없었다. 석탑 외 대웅전조차 사라진 폐사지였으니 수백여 년 동안 아무도 찾지 않았을 것이다.

    그러나 신라에 불교를 전래, 국교로 공인시키고 '나무아미타불 관세음보살'로 대중불교를 완성시킨 아도화상과 이차돈, 원효대사를 기억하면서 그 절을 찾아 나섰다. 다행스럽게도 웅장한 석탑 뒤로 (새로 지은)대웅전이 보여 안도했다.

불국정토의 나라, 신라

무한전쟁의 시대였다. 고구려·백제·신라는 각기 상호동맹을 맺었지만 뺏고 뺏기는 영토전쟁을 불사했다. 고구려가 남하정책을 시도하자 신라와 백제는 '나제동맹'을 맺어 고구려에 대항했고 전열을 가다듬은 신라가 삼국통일에 나서자 고구려와 백제는 군사동맹으로 대응했다. 고구려·백제·신라 순으로 순차적으로 불교가 전래됐지만 불교를 기반으로 '삼국통일'에 성공한 것은 신라였다.

신라는 스스로 부처의 땅 '불국정토(佛國淨土)'라 여겼다. 경주 '남산'은 부처가 사는 신들의 땅이었다. 그래서 남산에는 수백 여 곳의 사찰이 들어섰고 신라의 왕들은 아예 현세의 부처를 자처했다. 선덕·진덕·현덕·성덕 등은 모두 불가(佛家) 법명을 차용한 왕이었다.

삼국(三國) 중 가장 늦게 불교를 수용한 신라는 불교를 국교로 삼으면서 왕권을 강화했고, 한반도 최초의 통일국가를 만들어 오늘로 이어지는 정신문화의 바탕을 마련하게 되었다는 점에서 그 역사적 의미가 깊다. 신라에 이은 고려 역시 불교국가였지만 종교의 자유를 보장했고 고려후기엔 성리학을 기반으로 한 신진사대부가 등장, 새로운 세력을 형성했다.

신라에 불교가 처음 전래된 곳

신라불교의 전래와 수용을 기억하고 있는 '신라불교초전지'는 간과할 수 없는 대단히 중요한 사적이 아닐 수 없다. 구미시청에서 북쪽으로 25km 정도 올라가면 '도개'(道開)에 이른다. 도개는 한자 그대로 '불도(佛道)가 열리다(開)'는 의미를 지닌 마을이다. 신라시대 불교가 처음 전래된 곳이라는 의미다.

불교가 신라에 들어오기 전 신라인의 종교는 토속신앙이었다. 조상신을 믿거나 시조묘에 제사를 지내고 삼산오악과 같은 명산대천과 천지신명을 섬겼다. 신라 왕실은 성골과 진골 등 골품귀족들의 왕권견제에 대응하기위해 불교를 도입했다. 6세기 초까지도 제대로 왕권을 확립하지 못한 신라는 귀족들의 반대로 불교를 국교로 수용하지 못하다가 527년(법흥왕14) '이차돈의 순교'를 계기로 불교를 국교로 공인하는 데 성공한다.

아도화상의 불교 전래 및 이차돈의 순교, 대중불교로 이끈 원효대사 등이 융합시킨 신라불교는 신라가 삼국통일을 완성시킨 원동력으로 작용했다.

이 곳 도개에는 '모례가정'(毛禮家井 모례네 우물)이라는 오래된 우물이 있다. 우물井자 모양의 덮개가 덮여 있지만 모례가정에서는 불심(佛心)가득한 샘물이 여전히 솟아나고 있다. 이 우물이 신라에 처음 불교를 전파한 아도화상이 머물던 모례의 집이었다.

신라불교초전지에는 아도화상을 기리는 '신라불교초전 기념관'과 성불관 자비관 대각관 견성관 득도관, 사찰음식체험관 등의 불교체험 시설이 오붓하게 자리 잡고 있다. 초전지 한 가운데에는 주물로 만든 아도화상 입상이 온화한 미소를 띤 채 방문객들을 맞아준다.

아도화상이 불교 전래

삼국사기와 삼국유사는 아도화상의 신라불교 전래과정에 대해 자세하게 기술하고 있다. '법흥왕 15년(528) 불교를 처음으로 시행하였다. 일찍이 눌지왕(417~458)때 승려 묵호자가 고구려로부터 일선군(一善郡)에 왔는데 그 고을 사람인 모례(毛禮)가 자기 집안에 굴을 파서 방을 만들어 모셨다.

비처왕(毗處, 소지마립간 479~500) 대에 이르러 아도 화상이 시중 드는 세 사람과 함께 모례의 집에 왔다. 그 모습이 묵호자와 비슷하였고 몇 년을 그곳에서 살다가 병도 없이 죽었다. 시중을 들던 세 사람은 계속 머물러 살면서 경전과 율(律)을 강독하니, 불법을 믿는 이가 종종 있었다.(삼국사기 권제4 신라본기 제4, 법흥왕)

'아도 또는 아두' 라고도 한다. 신라본기 제 4권에는 이러한 기록이 있다. 제19대 눌지왕 때 승려 묵호자가 고구려에서 일선군(一善郡)에 이르렀다. 그 고을 사람 모례(혹은 모록(毛錄))가 집안에 굴을 파서 방을 만들고 그가 편안히 지내도록 하였다.(중략)

아도(阿道)는 고구려 사람이다. 어머니는 고도령(高道寧)인데 정시(正始) 연간(240~248)에 조위(曹魏)의 아굴마(我堀摩)가 고구려에 사신으로 왔다가 그녀와 정을 통하고 돌아갔다. 이 일로 인해 임신을 하였다. 아도가 태어나 5세가 되자 어머니가 아도를 출가시켰다. 16세에 위나라로 가서 아버지 굴마를 찾아뵈었고 현창화상 문하에서 공부하였

다.(중략)

생각해보건대 불교가 동쪽으로 전래된 형세는 반드시 고구려와 백제에서 시작되어 신라에서 끝났을 것이다. (삼국유사 권제3, 흥법 제3, 아도가 신라에 불교의 터전을 마련하다.)

그렇다면 고구려 승려 아도는 어떻게 다른 곳도 아닌 선산에서 불교 전래에 나섰을까? 신라 내물왕 때 고구려는 군사를 보내 왜구를 물리치는데 도움을 줬다. 5세기 초 눌지왕 때 '아도화상이 향을 피워 공주의 병을 치유했다'는 기록도 있다.

아도화상

이차돈의 순교, 불교를 국교로

아도화상이 불교를 전파한 도개는 고구려에서 문경새재를 넘어 왕경(王京)인 경주로 가는 길목이었다. 신라 왕경은 당시 귀족들의 토착신앙이 강했던 탓에 아도화상은 왕경까지 가지 못하고 변방에서 포교에 나섰을 것이다.

아도(我道), 아두(阿頭), 묵호자(墨胡子) 등으로 기록된 최초의 불교 전래자는 모두 같은 인물이기도 하고 승려자체를 지칭하는 것이기도 하다. 당시 신라인들은 '승'(僧) 이라는 명칭을 몰라 아두삼마(阿頭彡麽 삭발한 스님)라고 했다.

신라의 불교수용은 삼국통일의 동력이 됐고 우리 문화를 형성하는 바탕이 되었다. 불교를 받아들일 수 없다며 버티는 골품귀족들을 견제하고 왕권을 강화한 법흥왕은 '왕을 현세의 부처로 여기는 불국정토' 개념을 도입했다. 불교는 신라의 지배이데올로기였다. 불교가 신라의 국교가 된 것은 이차돈의 순교였다.

이광수의 소설 '이차돈의 사'에 묘사된 이차돈은 '신라 귀족가문에서 태어나 연인 달님과 결혼을 약속하지만 이를 질투하는 공주와 법흥왕의 자리를 노리는 귀족들의 모략으로 고구려로 쫓겨난다. 고구려의 발전에 고무된 이차돈은 불교교리를 배워서 돌아왔으나 귀족들이 불교를 반대하자 순교를 자처했다.'

삼국유사는 527년 22세의 이차돈이 "저의 목을 베어 왕의 위엄을 살리면 신하들도 더 이상 반대하지 못할 것"이라고 법흥왕에게 간언하자 이를 받아들여 이차돈을 왕명을 거스른 죄로 목을 베었다. 그러자 그 목에서 흰색 피가 한 길이나 솟구쳐 올라 하얀 꽃비가 내리고 땅이 요동치는 등의 이적(異蹟)이 일어났다고 기록했다.

경북 구미시 선산읍 죽장리에 있는 신라 때 창건된 죽장사의 5층 석탑. 1968년 국보로 지정됐다.

"불도가 열리다" 신라 삼국통일의 시작점

〈8〉신라시대 불교가 처음 전래된 '신라불교초전지'

거대한 뿌리, 구미

구미시청 북쪽에 도개마을
불교 전래 道開 한자 사용
'井'자 모양 우물 '모례가정'
불심 가득한 샘물 계속 솟아
불교 처음 전파한 아도화상
토착신앙 강해 변방서 포교
이차돈 순교·원효 대중화로
불국정토·통일의 기반 다져

도개마을 '모례가정'(毛禮家井). 우물 4개 모양의 오래된 우물이 있다. 이 우물이 신라에 처음 불교를 전파한 아도화상이 머물던 모례의 집이다.

아도화상

신라시대 불교가 처음 전래된 곳으로 구미시 도개에 있는 '신라불교초전지'

선산 낙산리 3층석탑

거대한 뿌리, 구미

동국(東國)최초가람 도리사(桃李寺)

눈 속에 복숭아꽃·오얏꽃 활짝…신라 최초의 절터 잡다
도 탐구 위해 남쪽으로 온 아도화상…418년 눌지왕 때 신라 첫 사찰 창건
호국 불교로 삼국통일 완성 원동력…매년 '향문화대제전' 열어 기리기도

"복숭아와 오얏은 꽃이 곱고 맛이 좋아, 오라고 말은 안해도 찾아오는 사람이 많아 그 나무 밑에는 저절로 길이 생긴다지요…." '아도(阿道)화상'이 남쪽으로 간 까닭은 무엇일까? '달마(達磨)가 동쪽으로 간 까닭'과 같을까?

신라에 불법을 전하러 온 구도승

아도는 포교(布敎)가 목적이 아니라 '구도'(求道)를 위해 남쪽으로 간 것이리라. 끝없는 구도의 길, 그것이 그가 찾아 나선 불법(佛法)을 찾는 불도(佛道)였을 것이다. 의상과 함께 당나라 유학길에 오른 원효대사가 토굴이라 여기며 잔 무덤에서 해골바가지에 든 물을 마시고 난 후 '만물유심조'(萬物唯心造. 모든 것은 마음가짐에 달려있다)를 깨달은 뒤 유학을 포기한 것과 다르지 않을 것이다.

도리사 전경

부리부리한 눈매에 거무스름한 피부색깔을 가진 아도화상은 고구려를 거쳐 온 서역인으로 추정된다. 불교가 전래된 후 <왕오천축국전>을 쓴 '혜초'를 비롯한 수많은 신라의 구법승(求法僧)들은 당나라를 거쳐 실크로드를 따라 구도여행을 떠났다. 타클라마칸 사막과 히말라야를 넘었고 때로는 국경을 넘다가 스파이로 몰려 목숨을 잃기도 한 위험천만한 구도여행이었다.

<대당서역구법고승전>에는 구법승 61명의 전기를 수록하고 있는데 그 중에는 신라와 고구려 구법승 각각 7명과 1명이 포함돼 있다. 서역, 즉 천축(天竺)은 부처의 나라 인도였다.

아도화상은 신라스님들과 달리 서역에서 신라에 불법을 전하러 온 구도승이었다. 아도화상의 궤적을 따라나서는 길은 신라 호국불교의 전래를 찾아나서는 길이었다. 아도화상이 머물던 불교초전지 도개(道開) '모례가정'(毛禮家井)에서 그리 멀지 않은 해평에서 도리사(桃李寺)를 만났다.

도리사 극락전

향(香)문화대제전 열려

도리사는 아도화상이 세운 신라 최초의 절이다. 절 경내로 들어서기 전 처음 만나는 일주문에는 '東國最初伽藍'(신라 최초의 절) 이라는 자랑스러운 명칭이 붙어있다. 도리사는 눌지왕 때인 418년 창건된 신라고찰이다.

설화는 "모례(毛禮)의 집에서 생활한 지 3년이 된 아도는 홀연히 집을 떠나 부근의 냉산으로 들어갔다. 산속을 걷다가 눈 속에 복숭아꽃과 오얏꽃이 활짝 핀 곳을 발견하고는 그곳이 길지임을 깨닫고 절을 세웠는데 그 절이 도리사이다."라고 전한다. 냉산은 도리사가 자리한 태조산(太祖山)의 옛 이름이다.

일주문에서 도리사로 향하는 2km가 넘는 느티나무 숲길이 장관이다. 특이하게도 일주문에서 경내까지는 4km가 넘게 떨어져있다. 이 길은 2013년 산림청이 발표한 한국의 가로수길 62선에 들어갈 정도로 청량해서 탄성이 절로 나온다. 잠시라도 걸으면서 아도화상이 권하는 명상에 빠져보는 것은 어떨까?

때맞춰 3일 오후 도리사일대에선 '향(香)문화대제전'이 열렸다. 아도화상이 신라에 처음으로 불법(佛法)과 향 문화를 전래, 눌지왕의 딸 성국공주를 향으로 치유했다는 삼국유사 기록을 바탕으로 아도화상을 기리는 문화행사로 개산 1600년을 맞이한 2017년부터 해마다 열리고 있다.

도리사를 통해 신라불교 전래

도리사는 여느 절과 다름없어 평범해 보였으나 경내 중앙에 자리잡고 있어야 할 대웅전이 보이지 않아 당황한다. 조선시대 화재로 소실된 대웅전을 재건하지 않았다. 대신 극락정토를 주재하는 아미타불(阿彌陀佛)을 모신 극락전이 대웅전을 대체하는 '본당'이다. 극락전은 도리사에서 가장 돋보이는 전각건축이다.

극락전 안에는 조선 인조 때 조성한 목조 아미타여래좌상과 아미타 후불 탱화가 모셔져있다. 앞면 옆면 모두 3칸 규모로 옆에서 볼 때 여덟 팔(八)자 모양이 두드러진 팔작지붕으로 경복궁 근정전을 연상케 할 정도로 조선시대 후기 건축양식을 드러낸다.

봄기운이 완연하던 2월 말 도리사를 찾았을 땐 극락전 뒤편 자리한 매화꽃이 활짝 꽃망울을 머금기 시작한 모습이 새 생명의 탄생을 예고하는 듯 경외로웠다. 그렇게 도리사를 통해 본격적으로 전래되기 시작한 신라불교는 신라인들의 마음을 사로잡은 호국(護國)불교로 삼국통일을 완성시키는 원동력이 되었다.

극락전 바로 앞에는 '화엄석탑'이 있다. 나지막한 높이의 석탑은 고려시대 양식이다. 5층석탑인 화엄석탑은 세로로 긴돌을 연속으로 기단을 쌓아놓고 1,2층을 작은 돌을 벽돌처럼 쌓아 올린 독특한 양식으로 맨 위에 연꽃을 새긴 보주를 얹었다. 우리나라 다른 석탑에서 찾아볼 수 없는 석탑이라 보물로 지정돼있다. 그저 절에 있는 탑이라고 무심히 지

나치지 않고 자세히 보면 잘 보인다.

  도리사가 참선을 하는 선방(禪房)으로 이름을 날린 것은 태조선원이 있었기에 가능했다. 극락전 바로 옆에 자리한 태조선원은 스님들이 수행하는 선방으로 정면 7칸, 측면 8칸 규모의 'ㄷ'자형 건물이다. 내부에는 1931년 조성된 석가모니불이 봉안돼있으나 일반인들의 참관은 허용되지 않는다. 야은 길재선생도 이곳에서 스님들에게 글을 배웠다고 하며 성철 스님도 이곳에서 정진했다.

야은 길재선생도 도리사서 수학

정면에 걸린 '太祖禪院'이라는 편액은 3.1운동 당시 33인의 민족대표 중 한 사람인 오세창의 전서체(篆書體)로 이곳이 선(禪) 수행에 정진하던 수행자들의 도량이었다는 것을 다시 한 번 일깨워준다.

아도는 단 한사람의 구도승이 아니었다. 미추왕대에 고구려 승려 아도(我道)가 왔고, 눌지왕 때 묵호자(墨胡子)가 왔고 그 직후 묵호자와 모습이 비슷한 아도(阿道)가 모례네 집에 왔다. 수많은 구도자들이 와서 신라에 불교를 전한 것이다.

신라와 고구려간 국경이 분명하지 않았던 당시 변방의 선산(善山)은 구도자들이 숨어들기에 최적의 장소였을 것이다, 머리를 빡빡 민 낯선 서역 구도자들은 신라인에게 경외롭고 성스러운 존재 그 자체였다. 그래서 당시 이 지역 호족 모례가 보호해준 것이다.

桃李山前桃李開
도리산 앞에 복숭아꽃 오얏꽃이 피었는데

墨胡已去道士來
묵호자는 이미 떠나고 아도가 왔네

誰知赫赫新羅業
누가 알리요? 빛나던 신라의 업적

終始毛郞窨裏灰
모례의 움집 속엔 재뿐인 것을

조선 전기 성리학의 기틀을 마련한 점필재 김종직도 아도화상을 추모했다.

극락전 앞 숲길에 내려서면 아도화상이 수련했다는 좌대와 아도화상 사적비 등을 만나는 명상길을 걸을 수 있다. 아도화상 사적비는 거대한 자연암석을 대석으로 삼고 그 위에 직사각형 구멍을 파서 세운 형태라서 이채롭다.

도리사는 아도화상이 세운 신라 최초의 절이다. 아도화상이 산속을 걷다가 눈 속에 복숭아꽃과 오얏꽃이 활짝 핀 것을 발견하고 그의 여동생이 자리잡은 바탕에 절을 세웠다고 한다.

눈 속에 복숭아꽃·오얏꽃 활짝…신라 최초의 절 터 잡다

거대한 뿌리 구미

⟨7⟩ 아도화상이 세운 도리사(桃李寺)

도리사 경내에 있는 아도화상 좌상. 아도화상은 고구려를 거쳐 온 서역인으로 추정된다.

극락전을 주재하는 아미타불(아미타여래좌상)을 모신 극락전.

도 탐구 위해 남쪽으로 온 아도화상
418년 눌지왕 때 신라 첫 사찰 창건
호국 불교로 삼국통일 완성 원동력
배년 '황문화대제전' 열어 기리기도

일주문에서 2km 느티나무 숲길 장관
조선시대 화재로 소실 대웅전 대신
아미타불 모신 극락전이 '본당' 역할

도리사 석탑. 국내 유일의 특이한 형태로 보물로 지정됐다.

• 항일독립운동의 뿌리 왕산 허위선생 •

경상북도 구미시 왕산로 28-33. 아파트 숲에서 산길로 접어들면 왕산허위선생기념관이 보인다. 구미시민들이 즐겨 찾는 산책길인 금오산 자락이다. 목숨을 바쳐 나라를 구하려고 나선 선비이자 구한말 '의병장', 왕산 허위선생 생가 터에 구미시가 그의 의병활동과 나라사랑 정신을 기리기 위해 2009년 건립했다.

불과 100여년 전 이었다. 고종은 국호를 조선에서 대한제국으로 바꾸고 황제라 칭했지만 '제국'의 수명은 13년도 채 잇지 못했다. 19세기 후반 조선은 국제정세를 전혀 읽지 못하고 '쇄국정책'을 고수하다가 일본에 의해 국권을 침탈당하면서 자멸하다시피 나라를 빼앗겼다. 고종과 명성황후의 시대였다. 명성황후가 왕궁에서 시해되는 치욕스러운 '을미사변'도 발생했다.

조선의 대응이 오죽 답답했으면 청나라 외교관 황준헌이 <조선책략>을 만들어 '친중(親中), 연일(聯日), 결미(結美)'하고 러시아를 경

계하라는 외교 전략을 조언했을까. 1904년은 조선(대한제국)의 운명을 가른 격동의 시기였다. 일본과 러시아는 조선을 차지하기 위한 각축전을 벌이다가 '러일전쟁'까지 벌였다.

한반도에 군대를 파견한 일본은 러일전쟁 와중에 '한일의정서'를 강제 체결했고 8월 '한일협약'을 맺고 고문정치를 시작했다. 다음해 '가쓰라-테프트' 협약을 통해 미국은 한반도에 대한 일본의 지배권을 인정했다. 통감부를 설치한 일본은 이토 히로부미를 초대 통감으로 보내, 조선병탄작업을 본격적으로 전개했다.

국권이 침탈당하고 군대가 강제 해산 당하자 조선 팔도에서 의병(義兵)들이 일어났다. 을미사변 후 두 번째 의병봉기였지만 중과부적이었다. 스러져가는 나라를 되찾겠다며 분연히 봉기한 수많은 애국지사들의 목숨을 건 무장투쟁이었다.

구한말 왕산 허위의 의병봉기

1904년 7월 1일자 <황성신문>에 '배일창의(排日倡義 국난을 당했을 때 나라를 위해 의병을 일으킴)하자'는 통문이 前 평리원 판사 허위(許蔿) 등의 이름을 빌어 13道에 발송되었는데 이를 발견하면 소각해 버리라는 내부의 훈령이 나갔다는 요지의 보도가 있었다.

"…일본은 우리나라에 대하여 전번에 두 번이나 왕릉을 욕보였고 근

래 을미사변으로 국모를 시해하여 우리의 원수가 되었으니 저들과 같은 하늘 밑에서 살 수 없음은 어린아이와 부녀자도 모두 아는 사실이다.
 저들은 최근 용암포사건으로 러시아인을 내쫓을 구실을 삼아서 의로운 깃발을 올린다고 하여 돌연히 출병해서 우리의 외부를 위협하고 <협약>(1904년 2월 23일의 한일협정서)을 체결하였다…(중략)5월 그믐날 이시(7월 12일)에 거사하면 종사가 다행하며 백성과 신하가 다행이다. 광무8년 음력 5월 5일 발문 평리원 판사 허위."

 허위가 격문을 돌린 의병봉기는 무위에 그쳤다. 다만 7월 24일 서울 동대문 10리 밖에서 의병들이 일본군과 교전을 벌이다가 사라진 의병투쟁사건이 보도됐을 정도였다. 구한말 봉기한 수많은 의병장 중에서도 '왕산 허위'(1855~1908)의 의병활동은 가히 독보적이라고 할 수 있다.

을미사변(乙未事變)이 일어나자 큰 형 '허훈'이 청송 진보에서 의병을 일으켰고 허위는 고향 선산에서 의병부대를 조직해서 인근 지역 유생들과 함께 연합의병을 김천에서 결성, 무장투쟁을 벌였다. 을미의병이 실패하자 허위는 상경, 이조판서 등을 지낸 신기선의 천거로 1899년 환구단 참봉(參奉)을 시작으로, 1904년 평리원(平理院, 고등법원) 수반판사(首班判事), 의정부 참찬, 비서원승(秘書院丞)등을 역임하면서 고종의 총애를 받으며 곁을 지켰다. 허위는 '을사늑약'으로 조선통감부가 설치되고 병합작업이 본격화되자 항일무장투쟁에 다시 나서게 된다.

전국의병조직을 하나로 편성

지금의 왕산기념관이 있는 구미 임은동에서 4형제의 막내로 태어난 허위와 허훈, 허겸 등 형제들은 모두 의병활동에 나섰거나 한일합방 후에는 만주로 가서 무장독립운동에 헌신했다. 또한 허위의 사촌인 범산 허형의 딸 '허길'은 퇴계 이황의 13세손 진성 이씨 이가호와 일가를 이뤄 '이육사'(원록) 등 6형제의 독립운동을 이끄는 등 임은동 허씨 가문과 원촌 이씨 가문의 나라사랑은 청사(靑史)에 길이 빛났다.

'배일창의'(排日倡義), (일본을 몰아내고 나라를 위해 의병을 일으킨다)라는 기치아래 모인 창의군 군사장 허위. 고종의 비서원승(비서실장)까지 역임한 허위는 국권회복을 위해 '창의'를 호소하며 전국을 무대로 암약하면서 의병조직재건에 나섰다.

1907년 4월 실권을 모두 잃은 고종으로부터 창의하라는 밀서를 받은 허위는 7월 고종이 강제 폐위되고 8월 1일 대한제국 군대마저 강제 해산령으로 무장해제되자 반발한 해산군인들을 모아 각지에서 의병으로 봉기했다.

허위는 해산군인들을 재조직, 항일무장투쟁을 본격 결행하기로 하고 전국에서 군인들을 소집, 의병부대를 재편했다. 허위 등은 1907년 경기도 양주에서 의병장회의를 소집, '13도창의대진소'를 편성하고 이인영을 총대장, 경상도 신돌석, 충청도 이강년, 경기·황해도 허위를 대장으로 임명하는 등 전국의병조직을 하나로 편성했다. 대한매일신보는 1908년 1월 총대장 이인영, 군사장 허위 등으로 재조직했다는 관련 기사를 보도하기도 했다.

허위 선생의 고귀한 헌신, 대한민국의 뿌리

허위가 군사장으로서 총괄지휘한 13도창의군은 '서울(한양)진공작전'을 통해 일제통감부를 공격해서 일제와 맺은 조약을 파기하고 국권회복을 목표로 했다. 실제로 1908년 1월 15일 허위가 이끈 300여명의 창의군 선봉대가 동대문 밖 30리 지점에 도착, 후속부대의 합류를 기다리던 중 일군의 선제공격을 받아 치열한 전투를 벌였으나 후퇴했다.

전열을 정비하던 중 허위가 총지휘권을 위임받아 2차 진공작전을 펼치려 했으나 전세가 불리해지면서 2차 서울진공작전은 진행하지 못했다. 이에 허위는 이토 히로부미에게 국권회복 등 30여개 요구조건을 보낸 후 진공작전을 준비하던 중 일본군 증파와 토벌작전으로 2차작전은 성사되지 못했다. 1908년 6월 11일 일본 헌병대의 급습을 받고 체포된 허위는 7월 7일 사형선고를 받고 1908년 10월 21일 순국했다.

의병장 허위 등의 수도권에서의 의병활동은 군대해산 후 일사천리로 진행되던 통감부의 한일합병을 1910년 8월 경술국치에 이르기까지 3년 이상 늦추는 결과로 나타났다. 또한 서울 지척지간에서 항일무장투쟁을 전개함에 따라 나라를 잃은 백성들에게 민족의식을 각성시키고

이후 잔존 의병들과 유생들이 만주로 옮겨 독립군을 창건하는 등의 항일무장독립운동을 전개하는 밑거름이 되었다는 평가를 받는다.

온 가족이 의병활동과 독립투쟁을 전개하면서 이역만리에서 목숨을 잃는 등 명문가의 명맥이 끊어질 지경이 되었지만 왕산 허위 선생 일가의 고귀한 헌신은 오늘날 대한민국의 뿌리가 됐다.

기획

한말 의병장 왕산 허위 선생의 대마리 구미시 임은동 생가터. 현재 생가터를 기념공원으로 조성하고 있다.

구한말 의병 활동.

왕산기념관에 있는 허위 선생의 흉상.

왕산 허위, 목숨을 건 의병 활동…독립운동 밑거름이 됐다

거대한 뿌리, 구미

⟨12⟩ 의병장 왕산 허위 선생의 고향

왕산 허위의 손녀가 그린 초상화.

◆국권을 침탈당해

경상북도 구미시 왕산로 28~33. 아파트 숲 아래 신설된 집에서만 왕산허위선생기념관이 보인다. 구미 시작부터 숲가 찾는 산책길이 금오산 자락까지. 목숨을 바쳐 나라를 구하려고 나선 선비의 구한말 '왕산장 왕산 허위 선생'의 기념비가 구미시에서 '13도 의병' 나라 사랑 정신을 기리기 위해 3000여 평 전원한다.

◆구한말 왕산 허위의 의병 봉기

1904년 7월 1일 자 〈황성신문〉에 '배일통문(排日通文)'이 국내 각 단체에 나라를 위해 의병을 일으켜야 한다는 동원이 헌신이 관심. 아울러 신민을 기리기 위해 전통을 맡게 135도에게 의병을 모아 각각 거의 3만여 명의 배적했다. 나라를 위해 호국을 다졌다.

"…일본은 우리나라에 대하여 천하의 두 대 원수이다. 이제 일진회의 모든 땅에 의병을 촉구했고 군주 유시서까지. 국토를 빼앗고 농토를 빼앗고 독재로 이민족으로 나라를 모두 의는 사실이다. 적들은 최근 왕궁 모 서대문을 내가서까지 대한을 구성한 장대에 의병을 운용하고 자이제 함께 의분의 원을 참아라 우리의 같은 마음 우리는 '왕산의 위안' 135도 연합의 병을 독촉하였다. (〈황성신문〉 1904년 9월 25일) 의병연합부대를 직접하였다 … (중략) 남 월 7일에 이수기가 의병 12일보 여기가 주저 있지만, 백성과 대한은 다성을 시간, 광무 8년 (1904) 장 결부 12만 명 간결 결의한 결성...의 대한 백성들은 말한다. 국권을 빼앗긴 일본을 두고 동포들과 함께 일어서서 의병을 일으키기 위해 '바른 뜻'으로 목적이었다.

◆전국 의병 조직을 하나로 편성

지금의 왕산기념관이 있는 구미 임은동에서 1854년에 태어나 일찍이 글과 장례 과거에 급제하고 능력을 보여 평리원 관장, 비서원 승, 의정부 참찬, 비서 승까지 오른 허위 선생이 일에 의해 국권이 치명 이 일본이 '을사늑약'으로 속락되자 "빼앗긴 나라를 되찾자" 내 하셨다. 1907년 12월 서울 주변에 13만 흩어진 의병세력을 연합하기로 일을 이뤄 '의병대장 이인영'을 맡아 13도 연합 의병을 이끌었다. 그때 이때 정재·성영·민궁희 등 의병장들이 호응하여 전국 11개 도의 2만여 대군이 움직이기 시작했다. 이 들은 11월 2만여 명이 모여서 의병 총집결지 서울 뚝섬으로 집결하기 시작하여 이들을 통솔한 이인영 대장은 군사장, 의주의 허위에게 말도 맡겼다. 그는 12월 6일 허위에게 '13도창의대진소 군사장' 직위를 내렸고, 1908년 1월 중인 가합 선생은 의병을 이끌고 동대문 밖 30리까지 진격하였으나 후속 부대에 먹이 끝까지 그 거대 치쳐 잘못된 사태는 일각을 빨랐다. 이는 이때 '대한매일신보'는 1908년 1월 15일 허위가 이끈 300여 의병 항일이 시동문 부근에 의진 300여 명이 치병부대와 일전을 벌였다. 후속 부대와 같아 합쳐 기대했었는 일본병들이 음와 뒤편 으로 뒷걸음쳤다는 후방지휘 한동을 일어났다고 하였다.

현재의 총무의전은 임원 반이 모두 신화남기서 서울진공작전이 뜻하지 못했던 허위 선생은 여세를 몰아 해외로 빠져나아 6월 11일 양평 상동에서 300여 병력을 빠져나왔다. 여서 잡혔다. 이때 300여 기 요가 조선을 본보 후 진본에 부산 이제 서대문 혈암에서 일본법원에 30세 1908년 10월 21일 순국하였다.

의병장 허위 선생 수고는 계속된 활동은 국내 해외 우리 명사인의 임병과 1919년 전국 경술국치 이시기인 1910년 10월과 1911년 2월에 각자 자결하셨다. 어떤 조선의 재주가 저러서부터 비슷한 성택을 계승한 자손의 독립운동 근원했다. 나이 빼앗긴 백성들을 연약하기를 근심하고 불고 백성의 일만한 영관을 충성스러운 유명으로 울우리 독립운동 한 줄거리. 영속 오직 학자의 뿌리 풍격은 봉쇄하니 전체와 유명하 지지고 동심만 충실 독립운동에는 한번 결성...학생의 주 쳐있을 강근이만 어도 쳐 이후에는 한가까지 수많은 이들이 독립운동 회 이어졌으니 음이 영원 서 이어지어 독립을 향해 목숨을 걸고 싸운 왕산 선생 의 기리 거룩한 혼이 담겨 오늘의 자유대한민국을 전해졌다.

서연수 = 평화뉴스통(구미 대표)

제3부 구미에서 살까?

• 영남 상징하는 금오산 •

목포에서 금오산을 만났다. 목포를 상징하는 유달산 자락에 마련된 영호남화합의 숲에 금오산 모형이 자리 잡고 있었다. 동서화합의 상징으로 유달산과 금오산이 손을 맞잡게 한 것이다. 2017년 당시 전라남도와 경상북도 및 목포와 구미시가 '영·호남화합'과 상생협력을 추진하면서 목포와 구미에 각각 상생의 숲을 마련하면서다.

팔공산이나 소백산, 주왕산이나 가야산도 아닌 '금오산'(金烏山)을 영남을 상징하는 '名山'으로 귀하게 대접한 것은 금오산이 '대한민국 산업화의 아버지' 박정희 전 대통령을 배출했기 때문이다. 박 전 대통령도 유난히 금오산을 사랑했다. 대통령으로 재임할 때 수시로 고향 구미를 찾았고 구미공단을 둘러보고 금오산에 올랐다. 대혜폭포 앞엔 1971년 9월 금오산에 올라 깨진 병조각 등을 줍는 박 전 대통령의 모습이 새겨진 기념비가 있다. 우리나라에서 '자연보호운동'이 시작된 장면이다.

금오산 약사암. by이채근기자

 금오산은 구미를 상징하는 대표적 명소다. 구미하면 구미공단이 떠오르는데 구미공단과 더불어 구미사람들의 정서를 대변하는 데 금오산만한 곳이 없다. 해발 976m에 이르는 다소 높은 산이지만 금오산은 구미와 경북도민들에겐 친근한 '동네산'으로 사랑받고 있다. 그도 그럴 것이 금오산은 1970년 '대한민국 1호 도립공원'으로 지성돼 등산색 뿐 아니라 구미시민을 비롯한 수많은 '행락객'들이 주말마다 찾는 놀이터였기 때문일 것이다.

1,000m에는 미치지 않지만 산중턱 곳곳에서 절벽을 만나게 되는 등 '암산'(巖山)이자 '악산'(嶽山)으로 등반하기에 만만한 산은 아니다. 정상인 현월봉을 다녀 간 구미시민을 만나기가 쉽지 않은 것은 그런 연유 때문이다. 중국 오악(五嶽) 중 허난(河南)성에 있는 숭산(崇山)과 비교해도 손색이 없을 정도로 산세가 웅장하다고 해서 '남숭산'(南崇山)으로도 불렸다. 중국 선종의 창시자인 달마대사의 본산이자 소림사가 있는 그 숭산 말이다.

금오산이라는 이름은 고구려에서 이곳 도개에 내려와 신라에 처음으로 불교를 전파한 아도화상이 붉은 저녁노을에 비친 황금빛 까마귀가 나는 모습을 보고 '황금 까마귀가 노는 산'이라는 의미로 금오산(金烏山)이라고 불렀다는 데서 유래한다. '금오'(金烏)는 예로부터 태양에 사는 세 발 달린 '삼족조'(三足鳥)로, 태양의 정기를 뜻하는 동물이라고 한다. 금오산이라는 이름에는 태양의 정기를 받은 명산이라는 뜻도 내포돼 있다.

금오산은 정상과 주능선이 구미에 자리 잡고 있으나 능선이 김천과 칠곡에 걸쳐 있는 큰 산이다. 남쪽 인동쪽에서 산을 바라보면 흡사 누워있는 부처의 모습, 즉 '와불'(臥佛)형상으로 보인다. 신라 말 도선대사는 이

목포에 조성된 영호남화합의 숲에 자리잡은 금오산 모형

와불 형상을 보고 '장차 왕이 나올 것'이라는 예언을 했고 조선초 무학 대사도 금오산에 왕기(王氣)가 서렸다고 지적한 바 있다.

'야은' 길재를 향사하는 '금오서원'은 애초 이 금오산 자락에 있었다. 임진왜란 때 불에 타자 조선 중기 현재의 선산읍 원리로 옮겨 재건했고 금오산 입구에 '채미정'을 지어 길재의 유허를 기리도록 했다.

박정희시대를 기억하는 금오산

　박 전 대통령의 생가이자 현재의 박정희 기념관 등이 있는 '상모동'도 금오산 자락에 속해 있어 박 전 대통령은 금오산에 서린 왕의 정기를 오롯이 받아 대통령이 된 것으로 구미사람들이 받아들이고 있다.
　금오산에는 박정희 전 대통령이 다녀가거나 그의 시대를 기억할 수 있는 흔적들이 곳곳에 남아있어 그와 그의 시대를 반추하는 공간으로 기억된다. 금오산 자락에 자리한 금오산관광호텔은 특히 박 전 대통령이 구미를 찾을 때마다 이용한 숙소로, 일반투숙객을 받지 않는 555호실은 박 전 대통령이 당시 사용한 비품 등 유품과 사진을 전시한 공간으로 활용되고 있다.

　구미 출신 재일교포 고 박진용씨가 호텔과 함께 1974년 설치한 금오산 케이블카를 지금도 금오산 관광호텔이 운영하고 있다는 사실도 놀랍다. 당시 서울 남산과 설악산 등지에만 설치한 케이블카를 구미국가

구미 남쪽 인동에서 금오산을 바라보면 흡사 누워있는 부처의 모습이다

산업단지를 설립, 근로자 등 유입인구가 급증한 구미시민을 위해 금오산에 케이블카를 설치한 혜안이 남달랐다. 산업화의 역군들이 주말, 구미공단의 '허파'와도 같은 금오산에 쉽게 오를 수 있도록 한 국가지도자의 배려가 아니었던가 싶다.

박 전 대통령이 이 호텔에서 새벽 산책을 하다가 관광객이 버리고 간 빈병과 깨진 유리조각 등을 줍고 있는데 청소부가 발견하고 가까이 다가가 박 전 대통령인 것을 알아채고는 '아이고 난 이제 죽었다'고 생각하고 사시나무 떨듯이 떠니까 박 전 대통령이 불러 "이른 새벽 관광객이 버리고 간 쓰레기를 주워 자연을 깨끗하게 하는 일이 얼마나 소중한 일인가"라며 금일봉까지 주면서 격려했다는 감동적인 일화가 전해지는 금오산이다.

금오산 등반 절정 약사암

금오산 등반은 호텔을 지나 만나는 마지막 주차장에서부터 시작된다. 등산객은 케이블카를 타지 않고 산에 오르지만 가벼운 산행에 나선 행락객들은 케이블카를 타고 해운사와 대혜폭포까지 가는 코스를 선호한다. 요즘 설치되는 케이블카들과 달리 금오산 케이블카는 정방형의 대형 케이블카로 박정희 시대의 '레트로' 감성과 낭만을 되실리는 금오산만의 자랑거리다. 최대 50여명이 탑승할 수 있을 정도로 널찍한데다 사방이 개방된 창으로 구미 시내를 한 눈에 내려다볼 수 있는 탁 트인 선낭이 압권이다.

금오산케이블카는 서울 남산 케이블카와 견주더라도 뒤지지 않을 정
도로 금오산의 정취를 제대로 느낄 수 있게 해주는 금오산 산행 필수 코
스로 추천한다. 요즘처럼 울긋불긋 '가을색'으로 단장한 금오산을 조망
하는데 케이블카에서 바라보는 금오산 풍경보다 더 멋진 가을 금오산
은 없다. 케이블카에서 내리면 올해로 3회째를 맞이한 라면축제를 성
황리에 개최한 '라면성지' 구미가 자랑하는 신라면 등 각종 라면을 맛
볼 수 있는 매점에서 라면먹방 호사를 누릴 수 있다.

해운사를 지나 계곡길을 따라 걷다보면 장쾌한 폭포소리를 내는 '대
혜폭포'의 장관을 만나게 된다. 대혜폭포에서 도선대사가 득도한 '도선
굴'로 가는 길은 중국 오지에서 만나게 되는 벼랑길같은 낭떠러지다.
금오산을 오르는 내내 발아래로는 구미산업단지가 길게 펼쳐진다.
정상인 현월봉까지 가는 길이 꽤나 험난하게 느껴진다. 숨을 할딱거리
면서 올라도 끝이 보이지 않을 것 같던 '할딱고개'를 넘어서야 정상이
가까워진다. 그러고도 30여분을 더 올라야 도달하는 현월봉이다. 정상
에선 구미 시내가 한 눈에 들어오고 구미를 감싸고 흐르는 낙동강이 보
인다. 1공단에서 5공단까지 구미산업단지 전체 조망도 가능하다.

기암절벽 위에 아슬아슬하게 지지대를 세워 지은 약사암이 내려다
보이면 '천상'에 도달한 것이다. 중국 산시성(山西省) 헝산(衡山)에서
만날 수 있는 '현공사'(懸空寺)를 방불케 하는 한 폭의 그림 같은 암자
를 만나는 것은 금오산을 오르는 가장 큰 기쁨 중의 하나다. 약사암에서
구름다리로 이어진 종각도 여기서만 볼 수 있는 하늘 풍경이다.

약사암 북쪽 바위를 가득 채운 새겨진 '마애여래입상'을 마주친다면 저절로 두 손을 맞잡아 합장하게 되는 경건함도 자연스러워 질 것이다. 구미를 '거대한 뿌리'로 만든 금오산이다.

왕기 서린 명산서 '산업화의 아버지' 박정희 태어나다

금오산 기암절벽 위에 아슬아슬하게 지지대를 세워 지은 약사암.

〈10〉 영남 상징하는 금오산

거대한 뿌리 구미

황금빛 까마귀 노는 산' 금오라 불려
도선·무학대사 "왕 기운 서려" 예언
朴 생가 상모동, 산자락에 자리 잡아

해발 976m…대한민국 1호 도립공원
대혜폭포·도선굴·약사암 '으뜸 비경'
영호남 화합의 숲에 모형 볼 수 있어

지역 출신 제일교포, 케이블카 설치
사방 개방된 창·최대 50명 탑승 가능
1974년부터 시민 즐길거리 역할 톡톡

◆삼명산 금오산

목을 축인 금오산을 만나듯, 목보를 삼킴으로 유일산 자락에 마련된 영화로 화면의 숲에 금오산 모양이 자리 잡고 있었다. 동서 화합의 상징으로 유일산과 금오산의 속을 맞잡게 한 것이다. 2017년 당시 친한민국과 경상북도 및 독립과 구미시가 '동·화합 살성봉행 기념식수'를 한 자리에 금오산과 유일산 모형의 속 있다.

황상산과 소백산, 경상산에는 가야산을 남 '금오산'(金烏山)을 영남4삼명산(領南四名山)으로 꼽았다. 경북남 서쪽 지역 금오산은 '대한민국 산업화의 아버지 박정희 전 대통령을 배출한 터이었다. 그 박 대통령의, 유년데 금오산에 올랐다. 대통령으로 재직할 때 수시로 고향 구미에 찾으니 구미시민들을 불러모아 꼬박이를 했다. 대통령은 일제 1971년 9월 금오산에 올라 백단 3진 등을 돌고, 박 대통령의 모습이 세계지의 가서 있다. 요즘, 우리는 한나지 '자연보호운동'이 시작된 장면이다.

1,000m에는 미치지 않았던 곳곳에서 철벽을 만나는 등 '약산'(惡山)에 다음 '약산'(嶽山)으로 둘 만해 구미 시민들의 정부와 대면하는 데 금오산 만 곳이 없다. 해발 976m에 이르는 다소 높은 산이지만 금오산은 구미를 정복 도립공원에 지정된 '해'과 보 같은 시점이다 있다. 그토, 그저 우리 산 순의 1970년 대한민국 1호 노립공원으로 지정된 동아일보에 따와 구미 시민이 반환 연 술곡된 '영자가'이 동이 수억됨이나 없는 비결방이 늙어보다.

불었다. 중국 산동의 장사의 당하대사와 본사 약지 소력이 가지는 그 중산 없이다.

금오산(金烏山)이란 이름은 고구려때에 이른 도서가 신라 시대에 부처의 적절이 불교에 화하게 여시된 곳에 재는 것에 번원 물질을 모인다는 노른 산(新)의 그 모습을 보고 "황금 까마귀가 노는 산(金烏山)이라고 붙렀다. 당시 까마귀는 태양을 성징(象徵)한 이새로, 금오산(金烏山)은 태양(太陽)이 머무는 세상(새)로운 '산의, 일레제2가 '프림원로, 태양과 같이 편 태를 돌린다는 것이다. 금오산 가이웃엔 이름 비슷한 바위 마을인 금오산 고상정에는 매표에 대해 제일 세상 마치가 아니 사람도 있었다. 그 의밀도 실제 '대한강국'의 국대 세상 말 '금오' 있는 이유에 있다.

금오산은 정이조 후 능선이 구미에 자리 잡고 있으나 능선이 길게 늘어나 결제 있는 큰 산이 었다. 신, 남족 기슭 쪽에서 선물이 바위에 바위 누구에 상 불쪽을 보여. 수 '산 있'이라 생각됐다. 그 '산'이나 이 조산 형상인 것 같다가 이 아래로 옮겨가는 것이지 '산 모양의 조선 모양이 모양이 보인다.

'약산' 김자를 불러서지는 '금오산' 이 얼마 이 금오산 지역에 일이다. 얼마하여 산 뒤보다 조산 동북 면적에 산 이미 우의 얼마 것이 있다. 조선 후 실이 깎지에 오늘 박정희의 고장이 있음 '케이블카' 자외 일마간 유민의 가가 높겠다.

◆박정희 시조를 기억하는 금오산

박 전 대통령의 생겨가 현재의 박정희 소기심이 들어 있는 '상모동'은 금오산 서쪽 속 '있' 축여, 박 대통령의 금오산에 사를 틈을 정기를 모아 모던 있었 대통령이 된 것으로 구미 시민들이 만입었다고 있었다.

금오산은 박 전 대통령이 다녀사가 나라 그의 생애를 기억할 수 있는 곳곳이 있어 곳에 대통령이 시간을 변장시키는 공간으로 기억되고 있다. 박 대통령 제임시절 금오산편광랜드와 관련 오르지를 책을 혹과 이처 둔 수있다.

박 대통령 동산에는 모전 서비 개관로 오른쪽 자신의 쇠 생각을 시작하였다. 얼마나 박 시내 장인이 이 화 맥의 치녀에 자리 있다.

◆금오산 등반 통상 역사감

박 전 대통령의 주말 만나는 제일 주 과량벽에는 끌리 깊은 끝 만복의 씨가 시작 신안동과 인천의 경복 149리 불리고 결어지는 저항 출입에 이미 있으며 있다. 구미는 금오산단풍경재로 사용하고 있다. 대회 서을 남양 신용 구미국가산업단지형 차로 질하는 입 장식 오렴은 40분을 서는 지역사회 시간에 관련한 부처가 배신에 필요한 장소이 있다. 굳이 가지 그나마 구미 시민의 이용한 수 있도록 일반 부수적 역할이 됐다. SOS도 이 박 대통령의 당시 시원이 비용의 유발과 정부의 공영된 공간으로 활용되고 있다.

구미 출신 재일교포 故 박민화 씨가 금오산관광관에 입지 70년 공사로 정부와 금오산 케이블카를 구축하게 된 시점이다. 금오산정부호텔이 운영되고 있는 사실도, 당시 세 일교본의 심성은 등지에서 임시작 구미 케이블카를 두기 위해 금오산을 뿌리 얻어 있었다. 산업화 의 씨가 상당 후에 구미 시민 열과 모든 환한 곳 모자는 모자를 구미 케이블카가 설치되면서 지나간다.

대통령에 당시 시민의 비용 등 유명과 사진을 유리 공간으로 활용되고 있다.

구미를 주장 예임교실 고 박민화 씨가 금오산관광관에 입지 70년 공사로 정부와 금오산 케이블카를 구축하게 된 시점이다. 금오산정부호텔이 운영되고 있는 사실도, 당시 세 일교본의 심성은 등지에서 임시작 구미 케이블카를 두기 위해 금오산을 뿌리 얻어 있었다. 산업화 의 씨가 상당 후에 구미 시민 열과 모든 환한 곳 모자는 모자를 구미 케이블카가 설치되면서 지나간다.

◆금오산은 오르는 내외 팔마우네는 구미시장의 지기 걸쳐 힘들어진다. 영감의 현장에서 각 가가 올려가 모시는 것이 아닌 가 보시가 일을 두 깊이 이 일어 새 언덕에 올라 이렇게 모시지. 그리고도 30년 요금을 더 돌렸어야 천안해지게 된다. 정상에는 구미 시내가 한 눈에 들어오고 구미를 감싸고 있는 낙동강 사이 있는 1급 산업비가 구미 산업단지의 전해 오리게 기능하다.

기암벽에 위에 아슬아슬 있게 지지적에 세외 지은 역사 약사감이 '네바다한감의 신심'의 도상장에 있다. 중국 산신대사가 통전천(通天天)에 시겠다 '한걸어(한강아홉) 열심이 불자 호는 한 곳의 그런 얼마 만큼 오르는 모양이 있다.

라이트폭포 계곡과 다른 길을 걸는 '명운풍'(名雲風) 노릇이나 능인적단 로(野蓮子植花) 로 불여 종자도(沙) 어릴 때 준 것 같다.

서울수 대명(논설위원수석논설위원·구미담당)
ddarzz@naver.com

금오산 정비기공개에 바다본 산식과 구미 시내 전경.

구미 출신 재일교포 고 박민화 씨가 1974년 설치한 금오 산 케이블카에 탑승자들이 금오산관광관에 운영하고 있다.

남쪽 언동 쪽에서 금오산을 바라보면 흡사 누워 있는 부처의 모습, 즉 '와불'(臥佛) 형상으로 보인다.

• 낙동강 습지 그리고 매학정 •

태초에 강(江)이 있어 문명이 태동하고 발달했다. 메소포타미아, 인더스, 황허의 세계 3대 문명은 모두 큰 강을 중심으로 형성됐다. 한반도의 문명도 큰 강을 중심으로 생겨나서 국가로 발전하고 오늘의 K-문화로 발전할 수 있었다. 한강과 낙동강, 금강, 대동강 등 하나의 유역을 형성한 큰 강과 하천, 실개천으로 이어진 거대한 문화권에서 고구려, 백제, 신라, 가야 등의 고대국가가 탄생했고 삼국시대부터 오늘날에 이르기까지 강은 문명을 태동시키고 국가를 발전시킨 원천이었다.

대한민국의 근대화, 산업화, 민주화를 아우르는 '한강의 기적'은 한강 유역 주도로 만들어 낸 기적이라기보다는 낙동강과 금강 등을 포괄하는 이 나라 산업화 세력과 온 국민의 희생과 노력의 결정체라고 봐야 한다.

거대한 뿌리, 구미

낙동강 강정습지에서 바라 본 숭선대교

매학정(梅鶴亭)

호리병 기울여 모래사장을 쏟아 놓고
모래 톱 에워싸고 맑은 여울이 소리 내어 흐르네
외로운 학 한 마리 소나무 끝에 앉아 울고
꿈속 강을 돌아 달 위로 올라 간다
壺傾籍沙眠 繞沙淸灘響 孤鶴叫松梢 夢回江月上

돌 위에 걸터앉아 거문고를 타고
소나무 바람과 잇닿아 멀리 울리노라
갑자기 학이 춤추는 모습을 보고
맑은 강 동쪽에 달이 솟아오른다
彈琴石楊上 逸響連松風 遽看鶴舞影 月出淸江東

매학정 툇마루에 앉아 눈앞에 흐르는 강(洛東江)을 바라보면서 읊은, 고산(孤山) 황기로(黃耆老 1521~1567) 선생의 사위 이우(李瑀)가 지은 한시 매학정이다. 이우는 율곡 이이(李珥)의 동생이다. 매학정 앞 홍매, 백매 등 다섯 그루의 매화나무는 한겨울이라 앙상한 가지를 노출한 채 낙동강을 따라 불어오는 북풍에 잔뜩 움츠린 듯한 모습이지만, 새해가 되면 잎보다 먼저 꽃망울을 터뜨리면서 봄소식을 누구보다 먼저 알려주는 봄의 전령사역할을 변함없이 수행할 것이다.

천혜의 '강정습지'가 끝나는 곳에 자리 잡은 매학정이 거기에 있었다. 구미보에서 자전거길을 따라 10여분 달리면 '숭선대교'에 닿는다. 그 다리 너머를 건너면 고아읍이다. 강정습지는 낙동강 중류 최고의 철

새도래지로 소문난 자연습지로 수많은 습지생물들이 서식하고 있는 자연생태계의 보고다. 이곳에 조선 최고의 명필가로 이름을 날린 황기로의 '매학정'이 있어 비로소 낙동강도 사림(士林)의 풍모를 제대로 갖출 수 있었다.

흔하디흔한 것이 낙동강에 자리 잡은 누각과 정자다. 안동 영호루, 의성 관수루, 밀양 영남루를 낙동강 3대 누각이라고 치지만 매학정은 그런 류의 누각이 아니다. 드라마 '미스터션샤인'의 무대 만휴정과 고산정 혹은 체화정과 달리 낙동강 본류를 고즈넉하게 소망하는 신비의 모습을 닮았다.

벼슬을 하지 않은 황기로는 초서에 능해 '해동초성'(海東草聖)으로 불릴 정도의 명필가로 잘 알려져있다. 금오산 자락에도 '金烏洞壑'이란 글자가 각인돼 있는데 황기로의 글씨로 전해지고 있다. 강정습지가 있는 강정(江亭)마을은 낙동강변의 매학정이 있는 마을이라는 뜻에서 지어진 이름이다. 낙동강위에 떠 있는 한 마리 학(鶴)같은 정자가 바로 매학정인 셈이다.

이 강정습지는 인근의 '해평 습지', '독동·생곡 습지'와 더불어 낙동강 최대 겨울 철새도래지로 꼽히기도 한다. 매학정의 학은 물론 두루미와 백로, 왜가리와 청둥오리 등이 본격적으로 찾아드는 철새도래지다. 해평습지에는 철새들을 탐조할 수 있는 탐조시설들이 설치돼 있다.

고산 황기로가 벼슬을 마다한 채 이곳에 매학정을 짓고 은거하다시피 한 것은 조선 초 개혁을 외치던 '조광조'가 기묘사화(士禍)로 희생당한 사건과 관계가 없지 않다. 조광조와 견원지간이던 심정·남곤의 상소로 사사(賜死)됐지만 그 과정에 황기로의 부친 황이옥의 부역행적을 만나게 된다. 황이옥이 조광조를 사사하라는 상소를 올렸다는 것을 안 황기로의 조부 황필은 아들의 상소를 부끄러워하면서 선산으로 낙향했다.

그 후 황필의 손자 황기로도 부친의 상소를 부끄럽게 여겨 조부가 터를 잡은 이곳에 '매학정'을 지어 초야에 묻혔다는 것이다. 길재-김종직-김광필-조광조로 이어지는 조선성리학의 본산 선산에서 이는 아주 자연스러운 선비의 자세였을 것이다. 황기로는 벼슬을 멀리하고 텃밭을 일구면서 욕심내지 않는 소박한 선비의 삶을 이었다.

낙동강은 어머니 강(江)

구미보로 향했다. 이명박 정부 당시 '4대강사업'의 성과중 하나인 '구미보'는 구미지역 낙동강에 설치된 유일한 보다. 구미보에는 장수와 복의 상징인 '거북'과 '용'을 소재로 전망타워와 통합관리시설 등을 형상화한 건축으로 독특한 경관을 자랑하고 있다. 구미보 정중앙에 위치한 중앙타워는 평소 개방돼 있어 올라가면 360도로 탁 트인 낙동강을 즐길 수 있다.

구미(龜尾 거북꼬리)라는 이름에서 알 수 있듯이 구미는 거북이라는 십장생 중 첫 번째 상징에 커다란 자부심을 갖고 있다. 정부의 국새도 박정희 집권이후 36년간 거북이모형국새를 사용한 바 있었을 정도로 거북은 국가적으로 귀하게 여기는 성스러운 상징이었다.

　우리나라를 대표하는 강을 꼽으라면 한강이지만 낙동강은 우리에게 '어머니 강(江)'이라고 할 수 있다. 중국인이 양쯔강과 더불어 '황허'(黃河)를 어머니강(母親江)이라고 부르면서 사랑하듯이 우리에게 낙동강은 오늘의 대한민국이 존재하게 만들어 준 그런 푸근하고 정겨운 존재인 셈이다.

　강원도 태백 황지에서 발원한 낙동강은 경상북도와 경상남도 등 영남지방을 굽이굽이 관통해서 흐르다가 부산을 거쳐 남해바다로 흐르는 영남의 생명줄이다. 한반도에서 압록강 다음으로 긴 강으로 신라천년의 역사를 품고 6.25 전쟁 등 민족의 비극을 겪기도 했고 구미국가산업단지를 조성할 수 있었던 원천으로 대한민국 산업화의 최고의 동력으로 평가받는다.

낙동강이 거기 있어 구미에 공단이 조성될 수 있었던 것이다. 사시사철 수량이 풍부한 낙동강이 지척에 있어 내륙 깊숙한 구미에 부강한 대한민국 기틀이 된 국가산업단지를 조성할 수 있었다.

낙동강체육공원

구미시내로 접어들어 넓게 펼쳐진 낙동강변은 구미시민들의 사랑을 받는 휴식공원이자 보석과도 같은 낙동강 체육공원을 조성했다. 봄이면 강정습지에서부터 노랗게 물든 금계국 물결은 장관이다.

체육공원에선 여름에는 야외물놀이장이 개장되고 겨울에는 눈썰매 슬라이드와 스케이트장을 갖춘 '스노우파크'로 변신한다. 낙동강 스노우파크는 매년 겨울 한 철 한시적으로 운영된다. 스노우파크 바로 옆 낙동강 캠핑장은 오토 및 일반캠핑장을 대여하지만 구미도시공사가 운영하는 숙박시설 '카라반' 10여대도 함께 설치돼 있어 사전 예약을 하면 1회 최장 3박4일까지 이용할 수 있다. 낙동강의 중심, 구미는 대한민국의 본류다.

기획

낙동강 변에 위치한 매학정은 평평하고 입체한 풍기로 선현의 충심에서 노년에 이르기까지 관직생활에 나가지 않고 시와 서예로 소일하며 은둔 생활을 성찰한 곳이다.

굽이 흐르는 물길 품은 정자, 고고한 한 마리 학과 닮았네

거대한 뿌리
구미

〈13〉 낙동강 습지 그리고 매학정

**수량 풍부한 낙동강 '영남의 생명줄'
대한민국 산업화 최고의 동력 평가**

**강 종류 최대 철새 도래지 '강정습지'
조선 명필 황기로 '매학정' 자리 잡아
고즈넉한 멋과 풍경 어우러져 장관**

**강변 체육공원 시민 휴식 공간 역할
겨울엔 눈썰매·스케이트장으로 활용**

강정습지 일몰. 낙동강은 우리에게 '어머니 강'이라 할 수 있다. 오늘의 대한민국이 존재하게 만들어 준 근원 무엇보다 청정한 존재로 알려졌다.

140   거대한 뿌리, 구미

• 지산샛강 생태공원 •

꽃이 피면 떠나리라, 동토에서 비상하는 '겨울 진객'

겨울진객 큰고니의 귀환

겨울에만 볼 수 있는 '대장관'이었다. 도심과 그리 멀지 않은 구미시 지산생태공원. 줄잡아 1천여 마리가 넘는 고니와 큰고니, 청둥오리 등 겨울철새들이 날아들어 습지 이곳저곳을 오가면서 먹이활동을 하거나 힘차게 비상하는 모습을 보게 될 줄은 몰랐다.

이곳 샛강에 찾아와서 겨울을 나는 큰고니는 2004년 10여 마리에 불과했으나 2012년 264 마리, 2021년 1,000여마리로 해마다 늘어나고 있을 정도로 겨울철새들의 보금자리로 자리 잡았다. 큰 고니를 비롯한 겨울철새들에게 이곳이 겨울을 안전하게 날 수 있는 보금자리로 소문난 모양이나.

　철새들을 관찰할 수 있는 호수가장자리 데크에 들어가서 큰고니들이 노니는 모습을 바라보다보면 시간가는 줄 모르게 자연의 생태를 배우게 된다. 고니들은 수시로 머리를 처박으면서(?) 물속에서 무엇인가를 잡아먹었다. 한 떼의 고니들은 날개를 펄럭거리다가 하늘로 비상해서 생태공원 주변을 몇 바퀴 도는 선회비행을 한 후 다시 물 위로 내려앉았다.

　큰고니들이 노는 바로 옆에는 몸집이 작은 청둥오리나 흰뺨검둥오리 같은 철새들도 제각각 돌아다니지만 서로 다투거나 영역싸움을 하지 않는 것이 신기했다. 여기선 철새들을 통해 공존의 법칙을 배울 수 있다. 가까운 낙동강변의 철새도래지로 이름난 '해평습지'나 '강정습지'에서도 겨울철새들의 활동상을 관찰할 수 있지만 탐조망원경으로 봐야

하는 것과 달리 이곳에서는 맨눈으로 눈앞에서 철새들을 볼 수 있어서 좋았다.

지산샛강생태공원을 찾는 철새 중에서 가장 많은 큰고니는 온몸이 순백색으로 백조로도 불린다. 날개를 완전히 펴면 너비 2.4m, 몸무게가 3~8kg에 이르며 북부 유럽과 시베리아에 주로 서식하면서 10월부터 남하해서 겨울을 보내고 3월 초에 돌아간다.

여름엔 철새가 없지만 공원내 습지 전체를 연꽃이 뒤덮을 정도의 연꽃자생지로 사진동호인들의 단골출사지로도 인기가 높다. 세계에서 가장 큰 수련이자 여름의 여왕으로 불리는 빅토리아 수련(8~10월 개화)을 비롯한 멸종위기 야생식물 2급으로 분류된 가시연, 온대수련, 열대수련, 붓꽃 등 다양한 수생식물도 자생하고 있는 생태의 보고다.

산림청에서 '모범도시숲'으로 인증

우리나라 인구의 67.2% 이상이 도시지역에 살고 있다는 통계청의 최근 통계를 인용하지 않더라도 급속하게 도시화된 우리의 생활환경을 고려하면 도심 숲은 인간에게 없어서는 안 되는 '허파'와도 같은 소중한 존재다. 브라질의 열대우림 아마존 등 인간의 무차별적인 숲 파괴와 무분별한 개발로 인해 무너진 자연환경은 해마다 폭염과 기습폭우 그리고 폭설 등으로 당장 우리의 일상을 위협하고 있다. 사막에 폭우와 폭설이 내린다는 것은 <어린왕자>와 같은 소설속에서도 상상한 적이 없지만 요즘은 외신을 통해 종종 접하고 있는 지구의 현실이다.

국토의 70% 이상이 산지로 구성된 우리나라에서도 인구의 70%이상이 도시화된 지역에서 거주하고 있는 현실에서 '도시 숲'은 도시민들에게 주는 최고의 선물이다. 물론 구미에는 금오산과 낙동강이라는 천혜의 자연이 있고 조금만 외곽으로 나가도 산과 숲과 강이지만 도심에 자리 잡거나 도심과 근접한 숲과 강보다 더 좋은 자연환경은 없다.

산림청은 '신년사'를 통해 "올 한해 전국에 200여 개소에 이르는 새로운 '도시숲'을 조성하고 도시공원 등의 녹지도 도시 숲으로 연결, 폭염과 미세먼지 등으로부터 탈출할 수 있는 쾌적한 생활환경을 창출하겠다"고 선언했다.

지산샛강생태공원은 산림청이 2024년 제1호 '모범도시숲'으로 인증했다. 지산샛강생태공원은 (낙동강의)지류를 샛강으로 부르는데

그 샛강이 막히면서 좁은 도랑 같은 호수가 생기면서 자연습지가 조성 됐다.

　샛강생태공원은 샛강을 철새가 겨울을 날 수 있는 환경을 만들겠다는 구미시와 시민들의 노력으로 여름이면 샛강 전체가 연꽃단지로 뒤덮일 정도로 천혜의 아름다움을 자랑한다. 공원을 한바퀴 도는 둘레길에는 봄에는 벚꽃이 만발하는 벚꽃길이 됐고 여름에는 연꽃, 가을에는 억새가 이곳을 찾는 시민들을 반긴다. 요즘은 철새들이 주인노릇을 톡톡히 하고 있다.

겨울을 만끽할 수 있는 낙동강 스노우파크

겨울엔 다른 때보다 더 삭막하기만 할 것 같은 구미였다. 거대한 국가산업단지가 줄줄이 늘어선 구미공단을 생각하면 공장 굴뚝에서 연기만 나는 모습의 무미건조한 '겨울구미'라고 생각한 것이 오산이었다. '겨울구미'는 더 다채롭고 다양한 모습으로 시민들에게 다가왔다. 생태공원 중앙에 자리 잡은 '지산이'와 샛강이'란 이름이 붙은 큰고니 조형물은 이 '도시숲'의 겨울주인이 겨울철새라는 사실을 알려준다.

철새들이 주인인 만큼 겨울에는 공원 둘레길 경관조명도 끈다. 봄부터 이곳을 찾는 시민들은 '황토맨발길'을 포함, 3.4km에 이르는 벚꽃 둘레길을 걸으면서 구미시민이라는 자부심을 한껏 느낄 것이다.

지산샛강생태공원이 우포늪이나 낙동강습지 같이 큰고니와 같은 겨울 철새들의 보금자리로 자리 잡으면서 인간과 자연이 공생·공존하는 법을 알려주는 자연의 지혜라면 인근의 낙동강 체육공원에서는 겨울철새처럼 겨울 한 철 운영하는 <낙동강 스노우파크>가 2024년 12월 21일 개장했다. 겨우내 어린청춘들에게 즐거운 겨울추억을 만들어주고 있다. 구미시민은 물론 온 국민이 이용할 수 있지만 구미시민에게는 입장료 할인혜택이 있다.

1월 19일까지 운영되는 낙동강 <스노우파크>는 겨울을 만끽할 수 있는 눈썰매와 스케이트를 하루 종일 탈 수 있는 온가족놀이시설로 주말에는 눈썰매를 한 번 타려면 엄청난 줄을 서야할 정도로 인기를 끌고

있다. 겨울 별미인 빙어를 직접 잡아 튀김으로 먹을 수 있는 빙어 체험장도 유료로 운영되고 있다. 겨울이라고 해서 움츠리고 방구석에서 웅크리고 있을 이유가 없는 구미가 주는 유혹이다.

금오산은 사시사철 구미시민의 사랑을 받지만 겨울에는 금오산 <올레길>을 걷는 재미를 만끽할 수 있다. 구미는 조선성리학의 본산이었다. 조선성리학의 뿌리는 목은 이색. 포은 정몽주와 더불어 고려말 삼은(三隱)의 한 사람인 야은(冶隱) 길재(吉再, 1353~1419)라고 해도 과언이 아니다. 길재로부터 김종직 김굉필, 박영, 정여창, 조광조, 김숙자 등 후학들이 조선사대부를 형성했다.

길재는 금오산에 은거했다. 그래서 구미시는 금오산 입구의 '금오산저수지'를 한 바퀴 도는 산책로를 숭심으로 금오산인(金烏山人)이라는 호로도 불린 야은의 발자취를 더듬을 수 있는 걷기 좋은 <금오산 올레길(2.43km)>을 조성했다. 저수지 둑길을 따라가다 호수위를 걷는 수상데크를 따라 부잔교와 아치교 등을 지나 백운공원·구미성리학역사관·채미정을 돌아볼 수 있는 산책로가 호수의 절경과 함께 어우러진다.

박정희 향기로만 가득할 것 같은 산업도시 구미가 주는 새로운 즐거움이다.

꽃이 피면 떠나리라, 凍土에서 비상하는 '겨울 진객'

거대한 뿌리
구미
⟨10⟩ 자연생태환경공원

• 선산 오일장 장날풍경 •

장이 서는 '장날'을 기다리던 아버지는 잘 다려 놓은 빳빳한 양복을 갖춰 입고 이른 아침 장터로 나갔다. 설날이나 추석을 앞두고 서는 '대목' 장날은 근동에 사는 사람들이 모두 몰려나온 듯 인산인해로 장터가 북적거렸다. 굳이 꼭 사야 될 생활필수품을 사야 되는 것이 아니었지만 사람들은 오일장이 서는 날이면 장터에 나가 장을 보러 온 친구를 만나 십년지기를 만난 듯 새벽부터 펄펄 끓여낸 장터국밥 한 그릇에 막걸리 한 사발을 들이키는 재미를 즐겼다.

낮술 한 잔에 불콰해 진 아버지는 '안동간고등어'나 영덕문어 혹은 서해안에서 잡은 '영광굴비' 한 두름을 사서 삽작문 밖에서 '에헴'하며 기침을 하곤 했다. 그래서 장날 직후 며칠간 아버지의 밥상은 풍성해졌다. 오일장은 그런 아련한 우리시대의 추억을 되살려주는 기억의 원천이다. 그래서 전국곳곳의 오일장이 다시 살아나고 있다.

기억을 소환하는 선산오일장

2,7일에 열리는 선산오일장은 경상북도에서는 김천, 상주장과 더불어 가장 큰 오일장이다. 주말이나 대목이 낀 날에 열리는 오일장은 장터 골목을 빠져나가는 데만 1시간이 걸릴 정도로 붐빈다.

선산에는 조선 초부터 1960년대에 이르는 시기까지 현재의 선산문화회관 앞에서 단계교에 이르는 선산읍 중심가에 장터가 형성됐다. 이곳은 선산읍행정복지센터와 '선산객사(善山客舍)'를 비롯한 관공서가 오랫동안 자리 잡고 있는 선산의 중심이었다.

그러다가 1963년 이후에는 수문교에서 지금은 사라진 서울예식장에 이르는 거리에 장이 서다가 그 자리에 1993년 현대식 공설시장인 '선산봉황시장'이 들어서면서 선산5일장은 봉황시장을 중심으로 양옆으로 선산읍성 '낙남루'에서 단계교까지 이어지는 약 2km에 이르는 복개천으로 이전했다.

물론 지금의 5일장이 과거 아버지세대 장날의 풍요롭고 정겨운 모습을 그대로 재현하기에는 많이 부족하다. 5일장을 찾아다니는 '장돌뱅이'들의 독무대가 된 듯한 시골오일장이지만 그래도 장터에 가면 직접 기른 채소와 콩과 팥 등의 농산물을 직접 들고 나와 좌판을 벌인 할머니들을 만날 수 있고 간혹 가보처럼 간직해 온 골동품들을 만나는 재미도 느낄 수 있다. 요즘같이 봄기운이 완연해지는 날에는 파릇파릇한 봄을 먼저 만끽할 수 있는 묘목이나 화분 모종들이 장터 입구에서 반기기도 한다.

선산오일장은 봉황시장과 이어진다. 상설시장 안에는 장을 보느라고 허기진 시장기를 달래 줄 장터국밥이나 돼지국밥을 잘하는 식당들이 꽤 있다. 선산시장에선 꽤 유명한 한 국밥집 앞에는 길게 웨이팅 줄이 서 있다. 시장하지 않더라도 길게 선 사람들이 장터국밥의 추억을 생각나게 한다. 사야 할 생필품이 없더라도 장날이면 아버지도 장터에 꼭 나가시던 이유를 이제야 알 수 있을 것 같다.

장터 이곳저곳을 어슬렁거리던 내 손에는 봄기운 완연히 머금은 딸기 한 팩과 봄동 한 '봉다리', 쑥떡이 들려져 있었고 나는 어느 새 장국밥 한 그릇을 앞에 두고 있었다. 아버지를 추억하면서 국밥 한 그릇을 뚝딱 비우는 사이 우리도 아버지가 되어있다는 현실이 눈에 들어왔다.

봉황시장 안쪽 길로 들어서다보면 <5.16식당>이란 간판이 붙어있는 노포(老鋪)를 만날 수도 있다. 박정희 전 대통령의 고향 구미답게 박 전 대통령의 '5.16군사혁명'을 추모하는 의미를 담은 식당이 아닌가 궁금증을 유발하는 식당이다.

영남 인재의 반은 선산에서 난다.

구미는 조선조 실학자인 이중환이 쓴 <택리지>에 '조선인재의 반은 영남에서 나오고 영남 인재의 반은 선산(선산은 삼국시대부터 일선, 숭선, 선주로 불리다가 조선시대 들어와서 선산으로 자리잡았다.)에서 난다'고 실려있다. 선산도호부가 자리한 곳이 현재의 선산읍이었다. 지금은 구미시에 편입된 선산이지만 조선시대 편찬된 <일선지>에 따르면 구미는 선산도호부 관할에 '구미역'(驛)이라는 명칭이 처음으로 나오는 금오산 자락의 작은 마을이름이었다.

이중환이 택리지에서 조선인재의 보고라고 칭송한 선산이 야은 길재(吉再)부터 김숙자-김종직-하위지로 이어지는 조선 초기 성리학의 산실이었기 때문일 것이다. 고려 말 우왕 때부터 조선 영조에 이르기까지 선산읍 노상리와 이문리 일대 마을에서 14명의 장원과 부장원, 문과 급제자들이 배출되면서 '장원방'(壯元坊)이라는 마을 이름을 얻기도 했

고 마을 뒷산을 장원봉(壯元峰)으로 부르게 됐다.

물론 구미와 선산의 현대사는 박정희 뿐 아니라 '김재규'도 담고 있다. '장원방' 마을엔 김재규 생가도 후손에 의해 복원돼 있어, 5.16을 함께 한 선산 후배를 발탁한 박 전 대통령을 시해하면서 10.26사태를 일으킨 김재규 전 중앙정보부장의 배신의 역사도 함께 기억하고 있다.

이승만 정부하에서 국무총리를 지낸 장택상, 일제강점에 항거, 황성신문에 「시일야방성대곡(是日也放聲大哭)」이라는 시국선언과 같은 사설로 일본제국주의의 조선침략에 항거한 장지연 등도 선산이 낳은 큰 인물이다. 시일야방성대곡은 "이 날에 목놓아 우노라"라는 뜻으로 장지연은 이 글에서 고종 황제의 승인을 받지 않은 '을사늑약'의 부당

함을 알리고 이토 히로부미와 을사오적을 개돼지만도 못한 매국노라고 준열하게 비판하면서 당시의 2천만 동포가 국권회복을 위해 궐기할 것을 촉구했다.

선산장터는 그 후 3.1 만세운동이 전국에서 일어나자 4월 12일 독립운동가 권오환 등이 주동이 된 50여명의 군중이 궐기하여 독립만세를 선창하면서 평화적인 시위를 벌인 항일운동의 현장이기도 했다.

선산객사

옛 선산장터인 중심대로는 오래된 소도시 냄새가 물씬 난다. 그러나 그 길 한 가운데에는 선산읍행정복지센터가 자리잡고 있고 그 옆에 팔작지붕을 갖춘 웅장한 한옥 한 채가 눈에 들어온다. 선산객사다. 경상북도 유형문화유산으로 지정된 선산객사는 일제강점기인 1914년에서 1984년까지 선산읍사무소로 사용되다가 이후 읍사무소를 바로 옆에 신축하고 현재의 형태로 문화재로 보존하고 있다.

'객사'라는 명칭 그대로 선산도호부에 관리들이 출장을 오면 '객관'(客館)으로 쓰던 곳으로 <동국여지승람>에는 남관과 북관, 청회루(淸廻樓), 양소루(養素樓)가 있었다고 전해진다. 정확한 창건연대는 알려지지 않으나 1492년(성종 23)에 부임한 부사 송후출이 3년 만에 중건했다는 기록이 남아있다.

　장대석 한벌대의 기단 위에 막돌 초석을 놓고 두리기둥을 세워 5량 가구 이익공양식(二翼工樣式)으로 건축한 정면 5칸, 측면 4칸 규모의 팔작지붕 단아하고 소박한 단층집구조다. 지붕 용마루에는 네 마리의 사자상을 조각하여 안치하였는데 양끝에 암수의 어미가 있고, 가운데에는 암수의 새끼가 있는 특이한 모양이다. 도리에는 연화문을 조각하였으며 처마는 겹처마이고 서까래는 둥글고 부연을 달았다.

　선산객사와 선산읍성 '낙남루' 등 남아있는 조선시대 건축물과 '장원방' 마을 등을 둘러보면 선산이 조선인재의 보고였다는 택리지의 서술에 나름 고개를 끄떡이게 될 것이다.

　선산오일장이 서는 장터가 시작되는 선산읍성의 남문인 '낙남루'(洛

南樓)는 구미에서 선산으로 들어서는 초입이다. 낙남루는 조선시대 선산도호부의 읍성으로 들어서는 관문역할을 했다. 일제 때 완전히 허물어졌으나 현재의 낙남루는 2002년 과거의 모습을 토대로 복원된 것이다. 사방이 탁 트인 낙남루 누각에 오르면 조선시대에는 선산도호부가 수많은 조선인재를 배출하면서 상당히 위세당당했을 것이라는 생각이 절로 든다.

낙남루 아래 펼쳐지는 장터의 활기, 선산의 역사와 오늘

거대한 뿌리 구미

《16》 선산오일장

• 구미에서 놀자 •

엄청난 스릴과 모험을 선사하는 '에버랜드'와 '롯데월드', 일본 도쿄·오사카의 '디즈니랜드'와 '유니버셜스튜디오'와는 비교할 바는 못 되지만 있을 건 다 있다. 자이로드롭이나 자이로스윙, 아트란티스나 스페인 해적선 같은 오금을 저리게 할 정도의 어마어마한 어트랙션은 없지만 어른들의 추억과 아이들의 동심을 동시에 충족시켜주는 '회전목마'와 '회전그네', 드래곤코스터, 스피닝코스터, 범퍼카는 물론이고 고전적인 놀이기구인 바이킹에 이르기까지 있어야 할 건 다 갖추고 있다. 게다가 놀이공원의 시그니처라고 할 수 있는 관람차(Ferris wheel)까지 있다. 금오랜드다.

박람회의 꽃, 관람차. 구미에도 있다.

산업혁명이후 시작된 '박람회'(expo)의 유산인 관람차는 박람회가 끝난 후 철거되지 않고 도시의 랜드마크로 자리 잡있다. 미국의 뉴욕과

시카고, 영국의 런던, 프랑스 파리, 스페인 바로셀로나, 일본의 도쿄와 오사카 등 세계적인 도시에는 그 도시를 상징하는 관람차가 있다.

시카고 관람차는 1893년 시카고세계박람회가 낳은 유산이었다. 관람차가 '페리스휠'이라고 불리게 된 것은 이 박람회에서 자전거바퀴에서 영감을 얻어 거대한 바퀴 끝에 곤돌라를 매단 관람차를 만든 건축엔지니어 조지 페리스에서 비롯됐다. 관람차는 바퀴모양의 둘레에 곤돌라를 매달아 조망할 수 있도록 한 회전식 놀이기구다. 서울시가 상암동 하늘공원에 세계 최대 규모의 대관람차 건설계획을 세운 것도 관람차가 주는 판타지 때문이 아닐까?.

박람회장에 세워지던 관람차가 어느새 대구 동성로의 '스파크랜드'와 오사카 우메다 헵파이브관람차처럼 도심 한가운데 들어서기도 하면서 놀이공원을 상징하는 터줏대감으로 자리잡았다.

관람차는 공중관람이라는 당초 목적을 넘어 놀이공원에 온 사람들을 '판타지의 세계'로 이끈다. 롤러코스터나 청룡열차같은 시끌벅적하고 속도감을 느끼게 하거나 회전목마와 같이 동심을 자극하는 어트랙션들이 가득한 놀이공원에서 관람차는 특별한 즐거움을 선사한다.

시간을 거슬러 흐르는 듯 느릿느릿 돌아가는 사각형 '캐빈'은 연인과 가족들에게 다른 세상으로 이끄는 비밀의 문처럼 여겨질 수도 있다. 마치 대관람차를 탄생시킨 19세기로 되돌아간 듯 우리는 놀이동산이 주는 또 다른 매력에 빠지게 된다.

구미 금오랜드에도 2024년 대관람차가 생겼다. 금오랜드를 그저 유아나 어린이들이 놀기 좋은 놀이공원이라고만 생각하는 건 오산이다. 관람차의 매력에 빠지고 싶다면 도쿄와 오사카 혹은 삽교천까지 가지 않아도 된다. 가벼운 마음으로 금오산에 오르다가 입장료를 따로 받지도 않는 금오랜드에 가서 다른 어트랙션을 타지 않고 관람차만 타는 것도 가능하다. 지름 48m 폭 15m에 4인승 곤돌라 32대로 다른 관람차에 비해서는 크지 않지만 관람차의 위용은 가까이 갈수록 웅장하다.

관람차의 역주행에 '경주월드'에 흔들거리는 스윙형 관람차가 오는 5월 개장한다는 소식도 들린다.

구미 에코랜드

구미는 공단이 즐비한 '회색공업도시'라는 선입견은 이제 버리는 것이 좋겠다. 경상북도에서 가장 젊은 도시, 구미에는 가족단위로 즐길 수 있는 금오랜드 같은 놀이공원 뿐 아니라 숲 탐방을 할 수도 있는 생태공원 '에코랜드'까지 갖추고 있다.

이제 놀이공원에는 어린이날만 가는 것이 아니다. 놀이공원은 평소 연인들의 데이트장소로 인기다. 어린 시절을 주억하게 해주는 회전그네는 어른들에게 오히려 인기다. 청소년들에게는 속도감있는 스릴을 느끼게 해주는 롤러코스터나 바이킹이 인기라면 아이들은 범퍼카와 티니핑랜드에 눈길을 준다.

　금오랜드에는 회전목마 등 유아용 놀이기구 7종과 바이킹 등 성인용 놀이기구 5종, 사계절 썰매장을 갖추고 있으며 입장료는 따로 받지 않고 있어 자유롭게 이용요금을 내거나 종합이용권을 구입해서 한꺼번에 모두 탈 수도 있다.

　구미시내에서 20여분 떨어진 산동면에 위치한 '에코랜드'는 가족단위는 물론 친구와 연인들끼리도 많이 찾아 휴양과 데이트를 동시에 즐기는 곳이다. 구미 에코랜드 한 가운데 자리잡은 산림문화관을 중심으로 모노레일을 타고 탐방할 수 있는 산동참생태숲과 자생식물단지, 산림복합체험단지 등이 곳곳에 들어서 있다.

　생태숲 탐방은 걸어서 갈수도 있지만 산림문화관 뒤쪽에 위치한 모노레일을 타고서 중간에 내려서 천천히 둘러보는 것이 편하다. 모노레일을 타고 생태숲을 둘러보고 전망대를 거쳐 돌아오기까지 1.8km에 이른다. 4000원(어린이)~6000원(어른)인데 단체와 구미시민에게는 할인이 적용된다. 신분증을 지참하면 할인혜택을 받을 수 있다.

아이들에게 스릴을 느끼게 해주고 싶다면 '짚코스터'(zip coaster)를 권한다. 놀이공원의 롤러코스터같은 다이내믹한 놀이기구는 아니지만 생태숲 사이를 휘저으며 스릴을 만끽할 수 있는 짚코스터 정도는 타보는 것이 어떨까? 산림문화관 오른쪽 벽에는 가볍게 암벽등반체험을 할 수 있도록 시설이 돼 있다.

모노레일 코스를 따라 생태숲길이 나 있어 전망대까지 느릿느릿 트레킹을 하거나 모노레일 승차장에서 출발 거북바위를 거쳐 산동참생태숲을 거쳐 전망대까지 오르는 트레킹코스도 인기다. 가까이 다가가면 더 즐거운 에코랜드다. 물론 중간에 모노레일을 탑승하는 것은 불가능하다. 산동참생태숲은 중간중간 생태연못과 산책로 데크 쉼터 등이 조성돼 있어 누구나 쉽게 걸으면서 탐방할 수 있다.

산림문화관을 둘러보면서 숲이 주는 즐거움을 탐구하다가 어슬렁어슬렁 문화관 앞 넓은 잔디 어디에든 피크닉가방을 풀면 소풍이다. 주말이 아니더라도 잔디밭 어디서든 아이들이 뛰노는 모습을 볼 수 있다. 그러다가 심심하면 삼림욕장을 찾아 자연이 주는 선물을 만끽할 수도 있다. 에코랜드 입장료는 무료다.

주차장 근처에 어린이 놀이터도 있다. 어린이용 놀이시설이 있고 작은 연못과 정자도 있어 아이들과 함께 나들이 나온 가족들이 많이 찾는 곳이다. 놀이터 뒤쪽에 어린이테마교과숲이 조성되어 있다. 초등학교 교과과정에 수록된 100여 종의 식물들을 직접 보고 만지며 체험할 수 있는 자연학습공간이라고 한다.

도심에서 얼마 떨어지지 않은 산동에 에코랜드가 있다는 것은 구미시민들에겐 자연이 준 선물이다.

옥성 자연휴양림

구미에는 산업도시와는 어울리지 않을 법한 호젓한 '자연휴양림'도 있다. 옥성자연휴양림은 '주야저수지'를 중심으로 휴양림 내에 다양한 숙소와 산책로가 잘 조성돼 있어 가족단위와 연인들이 삼림욕을 하면서 자연을 만끽하기에 제격인 곳으로 각광받고 있다.

옥성자연휴양림은 구미시 옥성면(휴양림길 150)에 있는데 구미시내에서는 30여분이 걸린다. 선산IC에서 916번 지방도로를 따라 산길로 옥성면행정복지센터 방향으로 10여분 달리다보면 입구가 나온다. 옥성휴양림 숙소예약을 할 때 구미시민들에게는 최대 40%(비수기) 혜택을 주고 있다.

구미는 즐길 곳과 놀 곳이 없어 재미없는 '노잼' 도시라는 선입견은 이제 버리자.

거대한 뿌리 구미

(18) 구미에서 놀자

엄청난 스릴과 모험을 선사하는 '에버랜드'와 '롯데월드', 일본 도쿄·오사카의 '디즈니랜드'와 '유니버설 스튜디오'와 비교할 바는 안 되지만 있을 건 다 있다. 자이로드롭이나 자이로스윙, 아트란티스나 스페이스 헤러셔 같은 오감을 자극할 청도의 어마어마한 어트랙션은 얼핏한 어른들의 추억과 아이들의 동심을 동시에 충족시키는 '회전목마'와 '회전그네', 드롭코스터, 스파이럴코스터, 범퍼카는 물론이고 고전적인 놀이기구인 바이킹에 이르기까지 있어야 할 건 다 갖추고 있다. 게다가 놀이공원의 시그니처라고 할 수 있는 관람차 Ferris wheel까지 있다.

금오랜드
관람차로 하늘 구경

Ecology Land
모노레일 숲 누비다

① 금오랜드 대관람차 ② 에코랜드 모노레일 ③ 금오랜드 회전 그네 ④ 산업단지와 암벽체험 시설

제4부 **살아있는 도시**

• '라면 먹고갈래?' – 구미라면축제 •

"구미에 가서 라면 먹고 갈래?" '구미에 가면 공장에서 갓 튀겨낸 라면을 먹을 수 있어. 구미에는 국내 최대 라면공장이 있고 세계에서 유일한 라면축제가 벌어지고 있어… 구미에 라면 먹으러 가자!'

구미에 차려진 '세상에서 가장 긴 라면레스토랑'에선 ▷금오산 볶라샌드, ▷칠리라면타코, ▷컵라면볶음밥, ▷치즈돈까스라볶이, ▷불맛대패라면, ▷삼보해물라면, ▷통오징어해물라면, ▷꽁냥꽁냥앗싸 ▷가오리라면, ▷우삼겹소불고기김치라면, ▷소토시살큐브스테이크볶음면, ▷우삼겹미고랭라면, ▷야채곱창라면, ▷한우곱창스지라면, ▷브랏부어스트짜장라면, ▷육전신라면, ▷돌빡라면, ▷육회비빔라면, ▷물라면 등 세상에 없는 진귀하고도 다양한 라면요리를 먹을 수 있다.

라면은 연인을 맺어주는 사랑의 메시지

라면을 함께 먹으면 '영화' 속 연인처럼 될 수 있다? 영화 <봄날은 간다>에서 라디오PD 은수(이영애)는 사운드엔지니어 상우(유지태)와 자연의 소리를 채집하러 다니다가 '썸 타는' 사이가 된다. 자연스럽게 가까워진 어느 날 차를 타고 바래다 주는 상우에게 은수는 '라면 먹을래요?'라며 유혹한다. 라면은 영화에서 사랑을 불붙게 한 메신저였다. 라면으로 맺어진 사랑은 쉽게 식어버리기도 하는 것일까? 어느 날 그녀는 느닷없이 '우리 헤어지자. 헤어져'라며 이별을 통보하고, 상우는 "어떻게 사랑이 변하니?…"라는 명대사를 남겼다.

<봄날은 간다> 이후 라면은 연인을 맺어주는 사랑의 메시지가 됐다. 올해로 세 번째를 맞이하는 '구미라면축제'도 라면을 통해 맺어진 수많은 사랑과 이별이야기들을 담고 있지나 않을까.

'인스턴트 라면'은 중국에서 시작돼 일본을 거쳐 '한국화'된 국수의 하나지만 중국 국수 '랍면'(拉麵)과 '일본 라멘'과 다른 독자적인 'K-라면'으로 세계인의 사랑을 받고 있다. 아카데미상을 수상한 봉준호 감독의 영화 <기생충>에서도 한우 채끝 등심을 구워 올린 '짜파구리'(짜파게티+너구리)가 K-라면 열풍을 불러일으켰다. '매운불닭면'도 K-컬쳐 열풍에 힘입어 인기 K-라면 메뉴의 하나로 등극했다.

6.25전쟁을 겪고 난 직후 가난과 배고픔을 해결하는 '구휼식품'으로 도입된 라면이 어느새 한국인의 영혼을 담은 세상 '소울푸드'(soul food)가 된 것이다. 유명 셰프들의 요리대결을 다룬 넷플릭스 <흑백요리사>의 인기에 힘입어 라면을 주재료로 육류와 해산물 등을 첨가한 나만의 라면요리 만들기도 새로운 요리 트랜드가 됐다.

대구에 '치맥축제'가 있다면 구미엔 '라면축제'가 있다. 드라마 <별에서 온 그대>가 세계적인 치맥과 K-치킨 열풍을 선도했지만 이제 대세는 K-라면이다. 세계인이 K-라면에 빠져들고 있다. 김해공항 국제선 출국장에는 'K-라면바' 식당이 출국여행객들의 발길을 잡는다.

구미는 라면성지

구미가 'K라면 성지'가 된 것은 구미에 K라면의 대표주자격인 신라면 최대 생산공장이 자리잡고 있기 때문이다. 1991년 전자 등 첨단산업이 들어선 구미국가산업단지에 농심이 라면 생산공장을 준공한 것은 뜻밖이었다. 농심 구미공장은 농심의 6개 국내생산기지 중 하나지만 국내 신라면 생산의 80%를 차지할 정도로 단일공장으로 세계 최대생산량을 자랑한다.

반죽 등 원료 혼합부터 압연, 절출, 증숙, 절단, 유탕, 냉각, 포장에 이르기까지 제조 전체 공정이 지능형공장시스템(IFS)으로 관리하면서 연간 약 15억 개의 라면을 생산하면서 구미를 라면 성지로 자리잡도록

하는 데 일조했다. 지난해 농심의 신라면 매출은 2년 연속 1조원을 돌파했다.

라면은 사실 '박정희시대'가 남긴 위대한 유산 중의 하나라고 할 수 있다. '보릿고개'를 겪고 있던 1950~60년대 미국의 구호원조물자인 밀가루를 활용해서 기름에 튀긴 '값싼' 인스턴트라면의 탄생은 보릿고개를 극복하는데 큰 도움을 준 것이 사실이다.

무엇보다 쌀생산이 절대적으로 부족한 당시 통일벼를 개발, 쌀생산량을 획기적으로 늘리고 분식과 혼식장려운동을 펼쳤던 박정희 시대는 라면소비를 획기적으로 늘렸다. 국내에 첫 라면을 출시한 것은 삼양라면이었다. 그러나 삼양라면은 출시 초반 큰 인기를 끌지 못했다고 한다.

군사혁명을 통해 정권을 잡은 박정희 대통령은 식량난을 해소하기 위해 혼·분식 장려 정책을 펼쳤다. 첫 출시된 삼양라면은 일본라면처럼 육수가 느끼했다고 한다. 이 라면을 시식한 박 대통령이 '한국 사람들은 매운 맛을 좋아하니 고춧가루를 넣어서 맵고 짜게 하라'는 애정어린 조언을 하면서 오늘날과 같은 K-라면이 탄생했다는 비화가 알려지는 등 K-라면의 상장에도 박정희의 후광이 감춰져있었다.

국내최대 농심공장

삼양에 이어 농심도 라면사업에 뛰어들었다. 80년대 말까지 압도적 1위를 차지하던 삼양은 1989년 공업용 '우지파동'으로 결정타를 맞았고 그때부터 농심이 선두업체로 나섰다. 너구리와 안성탕면 신라면 짜파구리 등이 잇따라 출시되면서 대한민국 대표라면으로 각인된 것이다.

K-라면의 성장은 이처럼 박정희 시대 보릿고개의 고통을 극복한 성공신화와 함께 했다는 자랑스러운 역사를 함께 한다. 그런 면에서 '하면 된다. 우리도 할 수 있다'는 시대정신을 바탕으로 한강의 기적과 대한민국의 오늘을 만든 거대한 뿌리가 있는 구미가 K-라면의 성지가 된 것을 그저 우연한 일이라고만 볼 수는 없을 것 같다.

한국은 1인당 라면 소비량에서 세계 최고다. 구휼식품으로 등장한 라면이 어느 사이 한국인의 식생활에서 뗄 수 없는 '소울푸드'가 된 지 오래다. 라면은 등산을 가거나 야구경기를 보러가거나 혹은 해외여행을 가더라도 빼놓을 수 없는 필수 휴대품이 됐다.

이젠 라면 없는 세상을 상상할 수조차 없다. 중국이 지방마다 다양한 면(麵)을 자랑하는 국수 천국이라지만 중국은 K라면 최대 수입국이기도 하다.

세상에서 제일 맛있는 라면은?

세상에서 제일 맛있는 라면은 무엇일까? 구미라면축제에선 고민이 될 수밖에 없다. 농심 구미공장에서 당일 튀겨낸 라면을 직접 끓여먹을 수 있다면 그것보다 더 신선하고 맛있는 라면이 있을까? 유명 셰프들이 '세상에서 가장 긴 레스토랑'에서 끓여주는 다양한 재료들을 첨가한 각양각색 라면도 맛있지만 나만의 레시피로 오늘 갓 생산된 라면을 끓여먹는 것보다 색다르고 맛있는 라면은 없다.

갓 나온 신상라면을 먹을 수 있는 곳은 '갓랜드'다. 이곳에서 그날 생산된 신상라면을 구입, 셀프조리코너에 가서 직접 '갓라면'의 맛을 은밀하게 나홀로 맛보기를 추천한다.

2024년 3회째를 맞이한 '구미라면축제'는 2024년 11월 1일~3일까지 구미역 앞 역전로에서 열렸다. 2025년 가을엔 4회 라면축제가 다시 성대하게 열릴 것이다. 한국인이라면 꼭 한 번은 가서 맛봐야 할 라면의 정수가 다 여기 있다.

라면 먹고 갈래

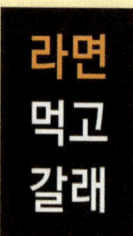

거대한 뿌리
구미

(9) 구미라면축제 - 오늘부터 3일간 구미역 앞 역전로

"구미에 가서 라면 먹고 갈래?" "구미에 가면 공장에서 갓 튀겨낸 라면을 먹을 수 있어. 구미에는 국내 최대 라면 공장이 있고 세계에서 유일한 라면축제가 열려있고…" 구미에 라면 먹으러 가자!

구미에 차려진 '제9회' 가장 긴 라면 레스토랑'에선 ▷금오산 불라면도 ▷실리카면 타르 ▷김치면(백산) ▷치즈프스라면 ▷봉림네해프면 ▷삼첩매화면 ▷동곡장어해물라면 ▷청남장숯불면 ▷가오리면 ▷우성김초봉고기라면 ▷송도시부브이소의토종닭면 ▷우삼겹미고화라면 ▷여왕샅라면 ▷한우공깃소지라면 ▷보경부엔스트파점라면 ▷육전5라면 ▷동백나라면 ▷육회비빔라면 ▷둘리면 등 세상에 없는 진귀하고 다양한 라면 요리를 먹을 수 있다.

박정희 시대 혼·분식 장려 정책…라면 소비 획기적으로 늘어
국가산단 농심 공장서 신라면 생산 80%, 단일공장 세계 최대
갓랜드에 가면 당일 튀겨낸 라면 "나만의 레시피" 조리 이색적

◆라면은 연인을 맺어주는 사랑의 메시지

라면을 함께 먹으며 '평생' 을 연인처럼 살 수 있을까? 역왕 (潘恩)은 강난고하네서 라디오 1일 슈스석이었을 때 속은 당저니가 심부름 하면서 자연의 소리를 제집처럼 다니는 '병 드는' 사이가 되면, 자연스럽게 카마에리 어느 날 지를 보고 바다도 주는 성위에 저 손수는 '99년 여름에'도 구는 약속되었다. 라면은 연못에서 사랑을 붙들게 한 매신저였다. 라면으로 맺어진 사랑은 정녁 속에 바리기도 하는 깊었다. 어느 날 그녀는 나무 '우리 헤어져요, 대여자리라 아빠를 편승데요. 성우는 '야빠이 사랑이 어때요' 라며 말하지만 남편다.

(윤남은 간호). 어우 라면은 연인을 맺어주는 사람의 메시지다 별도, 울리로 서 변화를 맺어야는 구미라면축제도 라면을 함께 엮어진 수천간 사람들 사이 아줌 마이가 믿음 남기고 있나, 있음.

"인스탄트 라면은 중국에서 사람매 일본을 거쳐 '한국문'인 국수의 하나로 중국국수 '낭면' (拉麵)은 '일본 라면'과 다른 독자적이나 'K-라면'으로 발전됐다. K-라면은 아카이에지도 수상한 봉판은, 김치를 잃은 기반플소에서 원주 유니산 구미 올린 '핫쓰라인' (화재핫스+인다구스) 등 K-리면 열풍이 불어들인다. '체로살얼 멸도 K-릴로 함앨한 위협이 어느 K-라면은 이래 하나 되어갔다.

다국에 '지역추구'가 있다면 구미의 '대반축제' 가 있다. 트럼이 영업이 구 그림의 세계지인 지도가 K-치이 역용을 선도장자한 자료에 대해서는 K-라면축제, 세계인의 K-라면에 배려해 있고, 김제공장, 국제인 출국장에 가는 'K-라면에' 시골이 열음 기념의 발급을 털렸다.

◆구미는 라면 성지
구미가 '숙·라면 성지'가 된 것은 구미에 K-라면의 대표 주역 쪽인 '라인의 최대 공장'있기 때문이다. 1991년 구내공부 출발이 돼써 7만 구내국가산단 안지 구내 창렬이 준영관을 일부는 것은 무엇보다 구매공장이 농심주 6개국 권생기기 중 하나이자 단일 공장 생산비 80%를 자치한 필도 보다 공장에서 생신을 담당해 있어서다.

만록 5 등면 등 음영에 당인, 국물, 증쇠, 상인, 유명, 생일, 포장까지 4대기간세 제프: 생각품이 한병화공격 '인스트 IPS'으로 라인디자이 연구에 창 대한 가간 위기를 중, 우미공장 성지는 '라인 명은 하는 데 일조한다. 차선에 농심분 5,800만 개봉을 국내 연속 1조원을 목표한다.

라면은 아울 박정희 시대가 낳은 위대한 유산이라. 하나로 볼 수 있다. '보석고가'라 쓸 것고 1960~60년대 비록 구매가 주도한 경제발전개발 과정에서 계정식 취진 경인식으로 국가성장 동력을 기원 곳이며 국민의 경기 발달 계 대 본 식 시도 시앙이다.

무엇보다 딱 생산량은 정차적으로 부족가져 양식 부심사용 주, 탑 공생생일 위가지으로 늘려기 원료 등 많은 정부 지원이 정지되는 박대리에 사실 가 가게 초록용 다니 봉교육과 도시락, 소정에서 정임자대신 활 배적인할 했다. 그리고 한 성방면에서 라면이 등장한 것이다.

문자대한 물은 항목 박정회 시대가 주도에서 관람을 여는 것은 같습지 대전을 갖게 된다. 첫 등자 1년 상인에서부터 신약 대장한 역각 라신 쓰는 것이 대한 박주는 이 미로 삼성을 대로 시작한 부는 박명훈 대한 서화를 상아에 대한 유는 대통령 국음 역 더 담아서 용 고 피가 최라"며 하며 어떤 초이는 얼굴다. 오늘날 같은 K-라면에 반영해야 할 근 방에 아 리레디 배 K-라인의 설팅에도 박정의의 부탄이 김함에 있겠으!

구미역에서 열린 '라면 봉치 전시회'

구미시는 금오산케이블카 승강장 역공에 구미러면축제 포토존(결프라우)을 조성했다.

2024 구미라면축제가 11월 1일부터 3일까지 구미역 일대에서 열린다. 지난해 행사 모습.

K-라면 탄생 비화

국내 첫 출시 삼양라면 디 라면처럼 노익은 박정희 전 대통령 시식 "한국인의 체질상 좋아해 고춧가루 더 넣어서 맵고 짜게 하라"

국내 최대 농심 공장

성공에 아래 농심의 라면 시장을 좌우함됐다. 1960년대 말부터 80년대 1위를 사시키 삼했은 1980은 공장 '무우 파동' 오로 김인공을 맺으고 그래지마 농심이 선두업체이 나선다. 1구가부운 안사면안, 상서매, 육아계임 등이 잇따라 출시됐으며 국내 최대 라면으로 지어 정되다.

K-라면의 성장은 이작한 빅릉들이 시대 보도고기보다 고품를 만했어 상공 사원과 함께했다. 자유스라몇 새치를 기가다 있다. 그런 쓰면에 '박선이로서 우리는 팔 수 있어다는 시장학보다를 바탕으로 활합기 기술과 대책자본의 오른 심으로 기반만를 투자가 있어다. K-라면의 성장가 된 것은 그이 후은 약아가 있는 한 국 수로 같은 것 같다.

한국인 17인당 라면 소비량에서 서예 최고다, 구별 식품의로 등장한 라면에 이는 사용 한국인의 벽계에 가장 빗 수 있는 '소울푸드'가 한 것 오래다, 라면의 돈성이 가가 나가 구불해서 절심 가끔가 하는 해양사례를 가지고있는 배우는 수는 밝게 튼푀트한 반해.

◆세상에서 제일 맛있는 라면은?

세상에서 제일 맛있는 라면은 무엇일까? 구미라면축제서 고진이 선 주영에 같다. 농심 구미공장에서 당일 루커낸 라면을 직점 고분에 대도 수이트먹 그임에서 이 번디 소설이 나는 데 1구가부외 안성탑면, 상어매, 육자베임 등의 것대를 가장 긴 계스트랑에서 골라 먹는 다양한 재료와 집 개가 맞, 라면을 정말 나만의 레시피로 오실 것 생산한 라면을 먹어 먹을 수 있다.

잘 나온 시단 라면만 먹을 수 있는 곳이 '장불린드', 그 바로에 그글 생산한 달실 라면과 구미, 믿도 적고 모르기에서 식점 '신일50'와 맞을 있을 배도 있다. 울미를 소해해를 알려해 '구미라면축제'는 11월 1~3일 구미역 앞 역전로에서 열린다. 한국인이네 특가을 꾸 안 않는 사연 라면의 참가가 여기에서 나오다.

서협수·대한노-벌정희연구사회/라면연구소 delarun@naver.com

• 금리단길과 새마을 중앙시장 •

구미에선 어디로 놀러가고 무엇을 먹을까? 구미엔 금리단길과 새마을중앙시장이 있다. 과거와 미래, 레트로와 트랜디한 감성, 역사와 전통을 가진 핫스팟이 공존하는 구미.

구미국가산업단지를 중심으로 발전해 온 구미는 내륙 최대 전자산업도시라는 명성에 걸맞는 무채색 회색도시였다. 박정희 시대 들어 산업단지를 조성하면서 급속 성장한 산업도시라는 이미지가 강하다. 이웃의 천년고도 경주나 한국정신문화의 수도를 내세우는 안동과 달리 구미는 그동안 역사도시라기 보다는 '퇴락한' 산업화시대의 산물로 인식되기도 했다.

구미와 구로공단 마산창원 수출산업단지 그리고 포항제철 등이 없었다면 오늘의 대한민국이 존재할 수 없겠지만 우리는 늘 먹고사는 문제, 보릿고개를 넘어선 그 시대에 대한 고마움은 고사하고 혹독한 평가마저도 하지 않으려 한다. 그래도 구미는 우리를 잘 살게 해 준 '고마운 도시'로 기억하는 게 맞을 것 같다.

구미 핫스팟, 금리단길

우리가 구미에 가는 이유는 다양한 '먹거리'와 '놀거리' 그리고 한 번쯤은 깊이 생각해야 하는 우리시대의 뿌리가 거기에 있기 때문이 아닐까 싶다.

구미국가공단이 대한민국 최고의 산업단지로 잘 나가던 시절, 전국에서 청년노동자들이 몰려들었다. 1990년대까지 구미시민의 평균 연령은 29세로 전국에서 가장 젊은 청년도시로 자리잡았다. 2023년 구미시민의 평균 연령은 41.2세로 경북에선 가장 젊은 도시지만 과거의 활력을 되찾지는 못하고 있다.

구미에 '금리단길'이 생기면서 청년들이 돌아오고 있다. 서울의 '경리단길'과 경주 '황리단길' 처럼 청년들이 금리단길에 속속 돌아와 카페를 열고 소품샵을 열고 책방을 열었다. 물론 아직까지 황리단길 같은 곳의 명성에 미치진 못하지만 11월 초 열린 구미라면축제 때는 금리단길도 인산인해를 이뤘다.

구미를 다채로운 '꿀잼' 청년 도시로 만들어주는 핫스팟이 금리단길이다. 금리단길은 구미역 후면광장에서 경북외고에 이르는 '금오산로 22길'을 중심으로 각산네거리까지 이르는 주택가로 이곳에 식당과 카페 소품샵 등이 속속 들어섰다. 이 길이 금오산 입구로 이어진 길이어서 '금리단길'이라는 이름이 붙었다.

'노잼'에서 '꿀잼' 으로. 청년들이 카페와 서점, 식당을 열자 재미없는 구미가 꿀맛나는 재미있는 도시로 변하고 있다. 북카페에서 커피를 마시면서 책을 읽거나 독서토론회를 하기도 하고 불과 얼마 전까지 어릴 적 우리들의 이웃집 같은 '슬라브양옥'의 현관을 들어서면 낯설지 않은 술집이 나타난다. 올들어 문을 연 술만 필지 않는디는 '저스트낯드림

크'다. 이곳에선 하이볼과 와인을 마시면서 책을 읽을 수 있고 가끔 열리는 북토크에도 참여할 수 있다.

금리단길의 카페와 술집에선 수시로 각종 문화행사가 열린다. 구미역 후면광장에서 어슬렁 어슬렁 걷다가 눈에 띄는 카페에 들어가 차 한 잔 하다가 트렌디한 소품을 파는 가게를 구경하고 일본 라멘이나 스파게티 혹은 떡볶이를 먹을 수 있는 곳이 금리단길이다.

전국에 산재한 다른 '리단길'과 다른 점이 있다면, 자리잡은 가게들이 새로 짓거나 정형화된 상가가 아니라 일반주택을 리모델링함에 따라 마치 80~90년대 옛날 골목길로 갑자기 빠져드는 레트로 감성에 자연스럽게 빠지게 된다는 점이다.

구미시가 마련한 '책 읽는 금리단길' 사업의 일환으로, 수시로 금리단길에 자리한 카페와 북카페 술집 게스트하우스 등에서 책과 출판을 테마로 한 시낭송회와 북토크 등을 열기도 해 문화향기 가득한 것도 또 다른 특징이다. 뚜벅뚜벅 걸어 다니는 금리단길이지만 이곳까지 자동차를 타고 왔다면 구미역 후면광장 지하주차장을 이용하면 된다.

아직까지는 골목길 구석구석까지 가게들이 들어서지 못해서 부족한 듯 해보여도 그것이 오히려 금리단길이 주는 미완의 매력일지도 모른다. 금리단길은 벚꽃이 흐드러지게 피는 봄이 절정이다. 매년 3월 경북교육청구미도서관을 끼고 있는 금오천에서 금오산 입구까지 이어지는 강변을 따라 핀 벚꽃 행렬은 어디에서도 볼 수 없는 장관을 이룬다.

진짜 레트로 전통시장의 맛, 새마을중앙시장

'새마을'이라는 박정희시대의 접두어를 붙인 전통시장이 구미새마을중앙시장이다. 새마을운동은 1970년 '근면, 자조, 협동'을 바탕으로 '잘 살아보세'라는 구호로 시작된 자발적 농촌 잘살기 운동이었다. 그래서 '새마을'은 박정희 시대를 추억하는 구미다운 작명법이다. 그래서 구미 박정희 전 대통령 생가 옆에는 '새마을테마공원'도 있다.

금리단길에서 구미역사를 가로질러 역사 앞으로 건너면 올해 라면축제가 열린 4차선도로가 나온다. 4차선 도로 오른쪽이 곧바로 새마을중앙시장통으로 이어진다.

새마을중앙시장은 박정희도시답게 박정희 시대에 발전하기 시작한 구미의 영욕을 지켜 본 구미의 대표적인 전통시장이다. 순대골목, 국수골목, 족발골목, 한복골목 등 특화된 골목이 사방에 자리잡고 있어 다양한 전통시장 본래의 모습을 간직하고 있다.

올 4월에는 시장 중앙에서 일주일동안 '낭만야시장'을 개설, 무려 26만여 명의 방문객이 찾을 정도로 구미의 새로운 명소로 각광을 받았다. 요즘에야 대형마트와 온라인쇼핑을 통해 장을 보는 것이 대세지만 전통시장을 한두 번 찾다보면 에누리하는 재미나 덤을 얹어주는 좌판 할머니들의 넉넉한 인정에 반하지 않을 수가 없을 것이다.

시장에는 과일과 채소 등의 농수산물은 물론이고 의류와 잡화 등의 기본적인 시장물건 외에 국수골목과 순대골목, 족발골목, 한복골목 등으로 구분돼 있어 색다른 재미를 만끽할 수 있다.

낭만야시장이 열렸을 때 가장 큰 인기를 끈 곳은 족발골목이었다. 이 시장 족발식당들은 1970년대 중반부터 자리잡으면서 현재 10여개에 이른다. 가장 인기있는 메뉴는 양념이 잘 밴 족발에 가늘게 썬 파를 송송 뿌려 낸 '무침족발'과 매콤한 '불족발'이다. 새 마을중앙시장 만의 특색있는 족발메뉴다.

찬바람이 서늘하게 느껴지는 초겨울 추위를 이겨내는 데는 순대골목에서 먹는 따끈한 순대·돼지국밥보다 더 좋은 게 없을 것 같다. 주머니가 넉넉하지 않은 직장인이라면 순대골목으로 가보시라. 취향대로 따로·섞어 국밥 주문이 가능하다.

구미에는 금리단길, 새마을중앙시장 외에 금오산 입구의 백숙집, 선산곱창, 진평동 음식문화특화거리 등도 있다.

거대한 뿌리 구미
금리단길·새마을중앙시장

힙한 카페·전통시장
옛것과 새것 공존하는 도시

구미에선 어디로 놀러가고 무엇을 먹을까? 구미의 금리단길과 새마을중앙시장이 있다. 꼬지와 매콤, 레트로와 트렌드한 감성, 역사와 전통을 가진 핫스폿에 공존하는 구미.

구미대구산업클러스터 중심으로 발전한 곳 구미는 내륙 최대 경공산업도시라는 명함에 걸맞은 무섭게 올해 도시상권, 박정희 시대부터 산업단지를 조성하면서 급속 성장한 산업 도시라는 이미지가 강하다. 천년고도 경주나 한국정신문화의 수도라 내세우는 안동은 일이 구미는 그만한 역사 도시라기보다는 대한한 산업도시라 인식이 크다.

구미의 구리단길 마산·창원 수출산업단지 그리고 포항제철 등이 없었던 이 오늘의 대한민국이 존재할 수 없었지만 우리는 늘 막고사는 분야, 보묘고자함을 남부서 그 시대에 대한 고사와 교사의 두터운 분이뿐이도 하지 일으며 한다. 그렇도 구미는 우리를 돌리겠다는 "구미는 도시로 기억되는, 꼭 맞..."

구미 핫스폿인 금리단길 입구.

◆구미 핫스폿, 금리단길

우리가 구미에 가는 이유는 다양한 '먹거리'와 '놀거리' 그리고 옛 풍물과 감성 정취를 찾아 나서는 우리 시대 문화 풍경은 자기를 즐기러 떠나는 여행을 찾는다.

구미국가산업단지 대한민국 최고의 산업도시로 위상을 가진 시점, 원국에서 몰리 노동자와 함께 했었던 구미, 1900년대부터 구미시민의 평균 연령이 29세로 한국...

금리단길 벚꽃이 소드리치게 피는 봄이 절정이다.

구미역 후면 광장~경북회고 중심 청년들 소품 숍·서점·식당 등 열어 골목 구석구석 개성·트렌드함 가득

에서 가장 젊은 청년 도시로 자리 잡았다. 2023년 구미시민의 평균 연령이 41.2세로 청년시가 가장 많은 도시이지만 경기로 흥행을 수렴하는 못하고 있다. 구미의 '금리단길'의 탄생이 활력받이 알려있고 있다. 서울의 '경리단길'과 경주 '황리단길'처럼 청년들이 금리단길에 속속 몰려들며 카페를 열고 소품 숍을 열고, 책방을 열었다. 돌본 이곳까지 활을 여지를 찾아 영험한 매력인 동행의 11월 초 정도 구미시 변화한 것들 금리단길로 인산인해를 이뤘다.

구미의 대중교통 '점광' 용과 도시로 변화이어는 핫스폿에 금리단길이다. 금리단길은 구미역의 후면 광장에서 경북의회로 이어가는 "급오단길 꼬리길을 중심으로 작은 네거리까지 이어가는 주택가로 구내의 식당과 카페 소품 숍 등이 속속 늘어났다. 이 길에 금요산 입구까지 아직은 길 아래와 날 깨질었다"가 이같이 설명했다.

'노플'에서 '물팡'으로, 원산마이 카페와 서점, 식당들 열어 채씨발 전에 구미가 성경이 나는 채씨발 성는 도시로 성변한 있다. 본카페에서 커피를 마시면서 책을 읽는 어른이 동도시와인 매기도 하고, 볼과 연로 된 때와 달 우리에게 이려길 같은 '순례'는 영국의 정취를 돋우며 낭만적 젊음 분위기로 나퉈가는데, 을 돌아서 좀 기분도 난다. 등 옛 환절 옮기 다는 '엑스프레스드립스', 어른에게 하이쿠와 와인을 따스리한 책을 읽을 수 있고 가끔 몰라는 북토크에 참여할 수 있다.

금리단길의 카페와 식당에 붙이는 수식은 지중 암이쩔, 벚꽃 감상 사진 영스폿이다. 구미역 후면 광장에서 어울림산수공원 경기가 누게 돼 있는 카페를 챙어가 가 하면 해드가 트렌드함 소모옴 둘러 보는 구리단길, 점 라멘이나 스페이와 독립 백반비를 맛있을 수 있는 것이 금리단길이다.

한국 신한한 다른 "야치단길 다른 최 얼 아직은, 여전 청춘들이 개최들이 만은 맛꾸함만 분류의 상가가 수수 분에 길 백대길인데 저희 미치 1980, 90년대 옛 날 감느낌이 잔뜩 갈다"... 레트로 감성에 자...

연스럽게 빠져서 되다는 사이다.

구미시가 마련한 '책 읽는 금리단길' 사업의 일환으로, 수시로 금리단길 자랑한 카페에 내가내, 슬 겟 액스프레스 들이 처 복공 출판을 매번도 알 수 있는 매년은 명도 그들 알 수 있다. 매 모를 행기 가득한 것도 매 드리 트립이다. 두부법에 강식 대는 금리단길의 이곳저곳 자극되면서도 인간적 구미의 후면 받을 것을 주저없을 이용하면서..

이곳저곳 금리을 구미구지의와 기획하여 두어에서 잘 풍랑지 분위기 없음 것의. 그런 곳 금리단길이 주는 미래의 매력질이다. 오랜터 금리단길은 벌 꽃과 크리스마스의 거리로 많은 시민과 다지 3대 경력교육을 구미로서의 시치하여 있는 공도한에 금요산 입구까지 이어가는 개츄을 따라 더 발을 뻗었다. 이대로서도 볼 수 많은 정을이 이미진다.

◆전래 레토르 전통시장의 맛, 새마을중앙시장

'새마을'이라는 이 박정희 시대의 집합어로 응인 젠힘시장과 구미의 새마을중앙시장이다. 시장의 공식은 1970년대 '근현, 화조, 명활'을 바닥으로 잘 살아보세'라는 구호로 시작한 '재험원' 들은 잘 들기 운동이었다. 그때서 '새마을이 이 박정희 시대를 추억하는 구미의 답방 곳, 그래서 구미 역향과 현 대통령 경제 영역을 '새마을 운동'이 가진 갖다.

금리단길에서 구미대로 가깝다고 여시 얼으로 전이랴 앞에 라멘측제가 열린 4차선 도로가 나눈다. 4차선 도로 오른쪽이 군대로 새마을중앙시장의 속이는 이어자다.

새마을중앙시장의 특별 골목.

라면축제 열린 4차선 도로 오른쪽
순대·국수·족발·한복 골목 나란히
상인들 넉넉한 인심 느낄 수 있어

새마을중앙시장은 박정희 도시답게 박정희 시대의 영향부 시각한 구미의 옛날이 고스란 담겨있는 재래시장이다. 전통시장답게 순대국수, 국수꼴목, 족발거리, 한복거리 등 의복과 음식과 새로의 자리 참고 있어 다양한 진열식의 들어오 모습을 간직하고 있다.

을 4월에는 새마을중앙시장이 열려 있는 동안 이색시장 실력 올 개최, 무려 36만여 명의 방문객이 수도 전후로 구민의 세로운 볼거 지 '먹거리'로 등장한 다채로운 퍼포먼스와 이동시장 등 지역 주민과 관광 상인의 소매를 올라 주었다. 보다 대중화된 이 기회를 힘을 꽤 맞이 많이 여러가 이미지는 새마을 중앙시장을 한층 더 세간의 인정을 얻고 있다. 매년 추방 크라리도가 현보레에 나려한 인정의 방바격을 엿볼 수가 있을 것이다.

시장에 공통식의 네스 동을 누수 경상은 훈분이로 의산된 것을 볼 수 있다. 시장의 시장의 목입 식장들은 40여년에 달하며 자리를 들려있는 100여 이 시상의, 가장 잉간이 예뇨 있는 말잎이 됩 새마을중앙시장의 일기일 등의 1900년의 삼 올 골목 주변 20여 개의 벌써로 발전 1900년 이 서었어 반도체 공단의 구미로 일어가는 듯, 예민의 추억과 문화적을 당건 있다.

낙지대국식장이 열견될 때 가장 인기가 없는 것으 곡발회집거리와, 이 시장의 적발 석당들은 1970년대 초반부터 일곡에 베이 100여 이 아니라, 가장 일이 있는 배누는 양념이 달 뛰어 3년여 단 단점 법판되서 있는, 이 곡물 축제 때 '수생겨뢰'조 유명하다 모인사 골목이다. '새마을해'는, 뛰어노을 수미 요인가이라 개봉 새마을중앙시장의 대로 옆으로 나란이 이어가는 새마을 도 장에 맞는 채 개 있는 있다.

새마을중앙시장은 박정희 도시답게 박정희 시대에 발전하기 시작한 구미의 옛날을 지녀 본 구미의 대표적인 전통시장이다.

요즘같이 쌀쌀해서 세상에 뚝 노폭에는 호쁨을 추워킬 이겨보는 '매'는 소수락뽀이빠 박뿌 마촌한 순대자국밥보다 더 좋은 게 없을 것 같다. 마이스님 두 년 의 이곳 연결된 직접발가를 다 돌라든 뜸 순대자수국의 가는시상, 하미니아만 하이, 매 와일 수위의 기하는다.

"구미의 금리단길, 새마을중앙시장 경제 급여은 이 분이라면 속속달, 생산보함, 건분이 더 달 있는 건이의 구리입니다."*서정수 책을 (조금리단길 경영협의회 대표)*

ddacall@naver.com

• 글로벌스포츠도시 구미 •

지난 3월 2일 2025 '구미 박정희 마라톤대회'가 성황리에 열렸다. 5월 말 열린 '2025 구미아시아육상선수권대회' 개최를 기념하는 첫 마라톤대회였지만 무려 1만 8,000여명이 너너들이 참가, 박정희 전 대통

령 재임시절 조성된 구미국가산단과 낙동강 강변도로를 달리는 시민축제로 자리매김하는데 성공했다.

지방도시가 글로벌스포츠도시로 비상하고 있다. 인구 40만 명에 불과한 기초자치단체가 유치한 30억 아시아인의 육상축제를 계기로 구미가 세계적인 스포츠도시로의 도약에 나섰다. 인구가 감소하면서 소멸해간다던 지방도시의 '도약'이 현실화되고 있다.

구미의 국제스포츠대회 유치 뿐 아니라 인구 60만 명 전주의 2036 하계올림픽 도전이 성사됨으로써 지방도시의 '반란'은 더 이상 놀랄 일이 아니다. 구미는 기초자치단체로서는 겁도 없이(?) 아시아육상선수

권대회 유치에 나서 2022년 12월 인구 500만 명의 중국 '샤먼'(廈門)을 제치면서 골리앗을 이긴 다윗이 됐다.

2025 구미아시아육상선수권대회는 9월 도쿄 세계육상선수권대회의 전초전으로 남자높이뛰기의 세계적 스타로 우상혁 등 쟁쟁한 세계적인 육상스타들이 뛰고 달리고 도약하는 역동적인 모습을 구미에서 직접 볼 수 있게 된 것이다.

전주의 2036 올림픽유치 도전도 무모해보였다. 상대가 88 서울올림픽의 영광을 재현하겠다는 서울시였기 때문이다. 그러나 올림픽유치를 위한 국내후보 도시 경쟁에서는 성공했지만 국제무대에선 생소한 '전

주' 브랜드의 2036 올림픽이 호응을 받을 수 있을 지는 미지수라는 지적이다. 파행 운영되면서 세계적 망신거리가 된 '2023 새만금잼버리대회'의 기억을 지우는 것이 급선무다.

만일 전주가 2036 하계올림픽 유치에 성공하지 못한다면 '2025 박정희 마라톤대회'를 개최한 바 있는 구미가 박정희브랜드를 내세워 유치에 나서는 것은 어떨까 싶다. 그때쯤 구미가 소멸위기에 처한 지방도시 연대 올림픽을 명분으로 올림픽 유치에 나선다면 진짜 지방도시의 반란을 일으킬 수도 있을 것이다.

특별·광역시도 아닌, 인구 100만 명 이상의 대도시도 아닌 지방도시의 반란은 이미 시작됐다. 우리는 강원도 평창에서 동계올림픽대회도 성공적으로 치른 경험이 있다.

김장호시장, 글로벌스포츠대회 유치

2025 구미아시아육상선수권대회는 김장호 시장이 취임한 직후인 1년차에 얻어낸 성과라는 점에서도 주목할 만하다. 글로벌스포츠대회 유치는 스포츠대회 개최를 통한 직접적인 경제성장효과는 미미하지만 도시 브랜드 가치를 제고함으로써 직·간접적 투자유치 및 경제유발효과를 이끌 수 있다는 점에서 도시마다 사활을 걸고 있다.

대회유치에 성공하면 각종 스포츠시설 투자와 호텔 등의 건설을 통해 지역경제가 크게 활성화되면서 일자리 창출 및 관광산업 활성화도 꾀할 수 있다. 88 서울올림픽의 유·무형의 경제효과는 대한민국과 서울의 국가 및 도시브랜드가치를 높이면서 우리나라의 글로벌위상제고에 큰 기여를 한 바 있다.

물론 개최도시의 경제여건을 감안하지 않은 무리한 경기장 건설 등의 스포츠시설에 대한 과도한 투자는 1992 바르셀로나 올림픽의 예에서 보듯 도시 재정을 파산시킬 수도 있는 위험요소이기는 하다. 그러나 지난 파리올림픽처럼 글로벌스포츠대회 개최는 실보다는 득(得)이 훨씬 큰 도약의 계기다. 바르셀로나 역시 재정적으로는 큰 적자였지만 매년 수백만 명의 관광객들이 찾는 세계적인 도시로 자리매김함으로써 장기적으로는 큰 도움이 됐다.

구미에서 개최되는 아시아육상선수권대회는 국내에서는 1975년 서울에서 처음 열렸고 이어 2005년 인천대회 등에 이어 한국에서는 세 번째로 개최하는 것이지만 기초자치단체에서 열리는 것은 구미가 처음이다.

구미의 도시브랜드가치 고양

아시아육상선수권대회 개최 만으로 구미가 글로벌스포츠도시로 도약하거나 자리매김할 수 있는 것은 아니다. 앞으로 다양한 스포츠행사 유치와 풍부한 스포츠인프라를 바탕으로 전시훈련 베이스캠프를 세공하는 등의 체계적인 후속방안을 통해 구미가 '구미 당기게' 다가가야 할 것이다.

이미 구미는 한강의 기적을 이끈 '박정희 브랜드'로 경제산업도시 이미지는 충분히 세계적으로 어필하고 있는 것이 사실이다. 초기 구미국가산단을 이끈 전자와 반도체산업의 공백을 방위산업이 뒷받침해주면서 구미는 산업도시로의 위상 수성에는 성공했다. 글로벌스포츠대회 유치와 성공적인 개최는 '박정희'와 '국가산업단지'로 대표되는 구미의 도시브랜드가치를 고양시키는 계기가 될 것이다.

한편 5월 27일부터 5일간 '구미시민운동장'(GUMI STADIUM)에서 열린 <2025 구미아시아육상선수권대회>에는 아시아 45개국에서 약 1,200명의 선수와 임원이 참가했다. 이 대회가 성공적으로 치러짐에 따라 구미는 지난 2011년 대구에서 개최한 '2011 대구세계육상선수권대회'의 바통을 이어받게 됐다. 구미는 육상인프라로 이미 국내 최고수준을 자랑한다.

이번 육상대회가 열리는 구미시민운동장 주경기장 및 보조경기장 육상트랙은 세계육상연맹(WA) 인증을 받은 포설형 탄성 우레탄으로 교체돼 WA로부터 'Class1' 인증을 획득, 국내 최고의 국제육상대회 시설로 인정받았다. 국제공인 1등급 우레탄 트랙은 국내에선 구미시민운동장이 유일하다. 그래서 구미시민운동장 트랙 기록은 세계기록으로 자연스럽게 공인된다. 주·보조경기장 육상 트랙 교체예산으로 28억 원이 들었고 박정희체육관 시설개보수에 52억원의 예산이 들었다.

구미시는 이번 대회를 위해 시민운동장 LED 조명탑을 교체하고 최신식 전광판을 설치한 데 이어 '박정희체육관' 냉·난방기도 교체하는 등 구미시의 스포츠시설 전반에 걸친 개보수 작업을 완벽하게 마쳤다.

시민들의 참여열기 고조

글로벌스포츠도시 기반조성을 위한 육상선지훈련 특화시설 <에어돔> 조성사업도 내년 완공될 예정이고 동락공원 스포츠클라이밍센터, 도심형 펌프트랙(구포동), 구평 국민체육센터 건립 등 다양한 스포츠인프라 구축을 통해 구미시의 국제스포츠경쟁력을 높이고 있다. 이쯤 되면 구미를 글로벌스포츠도시로 인정해 줄 만하지 않을까?

이제 구미는 아시아육상선수권대회를 성공적으로 개최하면서 글로벌스포츠 도시로의 비상준비를 마쳤다.
아시아육상선수권대회에 앞서 전국육상경기대회를 열어 아시아육상대회 리허설을 하기도 했다.

구미가 글로벌스포츠도시라는 위상을 획득하는 데에는 선수들만의 축제를 염두에 뒀다면 불가능했을 것이다. 박정희마라톤대회에는 동호인 등 시민들이 대거 참여했고 4월 '전국육상경기대회' 및 '경북 어르신생활체육대회' 개최로 시민들의 참여분위기를 제고시킨 뒤 5월 아시아육상선수권대회 참여열기로 이어갔다.

경북 어르신생활체육대회에는 22개 시·군에서 4천 여명의 선수가 참가, 낙동강 체육공원 등 구미시내 산재한 다양한 스포츠시설에서 게이트 볼과 배드민턴, 축구, 탁구 등 11개 종목에서 대결을 펼친다. 올해 구미에서는 '제2회 대통령기 전국파크골프대회', 'U-15 전국 유소년 야구대회' 등 권위 있는 전국단위 대회와 '제18회 전국무예대제전', '제15회 구미 새마을배 테니스대회', '제19회 예스구미배 전국 풋살대회' 등 다양한 생활스포츠대회 개최도 예정돼 있다.

30억 아시아인 육상축제…'산업→스포츠' 도시브랜드 높인다

오는 5월 열리는 '2025 구미 아시아육상선수권대회' 성공적 개최를 위한 구미 박정희 마라톤대회가 지난달 2일 성황리에 열렸다.

◆ 2025 아시아육상선수권대회 개최

지난 3월 2일 '2025 구미 박정희 마라톤대회'가 성황리에 열렸다. 5월 열리는 '2025 구미아시아육상선수권대회' 개최를 기념하는 첫 마라톤대회였다. 대회 1만8천여 러너들이 참가, 박정희 초대 경제대통령, 시장 조성에 구미시가 5년간의 낭비수 끝에 당차는 시민축제로 자라매김하는 데 성공했다.

그런 5년간 공직생활 스포츠 도시로 변해왔다. 인구 40만 명을 달리는 이 조그마한 지방도시가 유치하게 된 아시아인의 육상 축제를 통해 구미가 세계적인 스포츠 도시에 도전하고 있다. 인구가 감소하면서 소멸을 걱정했던 지방 도시의 '도약'의 몸짓이다.

구미가 대규모 스포츠 대회 유치에 나선 건 인구 40만 명 전후의 2006년 독일로보에서다. 세계적 대회 도시라는 '명성'은 인구 40만 명 아래 농하려 도청보다, 지본의 대회로 도시의 브랜드를 높이기 위해서다. 2006년 독일월드컵과 더불어 구미는 옳시 국내 아시아유상경기권대회 개최에 유치에 나서 2022년 12월 개최 500억 원의 공식 '사건'에 대의를 세계적으로 공식화를 여러 단체이 맞닥.

2025 아시아육상선수권대회는 이런 '도약'세계화상선수권대회 결국 선진도시로 도약 높여지기 경제 도약의 '미결의 한 아닌' 발판이 될 것으로 보인다. 아시아트랜드와 세계시장으로 박력인 주당 스타라이그 하우 터리를 지속하는 이들 해안가 메인 기적에도 지원 수 있는 대회이다.

한국이 2006년 월드컵 유치 도결로 무엇을 보여다, 살라가 '부 스포츠 올림픽'의 영광과 '메인체인지'는 서울시대가 해결한다. 그러나 올림픽 유치를 위한 지료 공축으로 지역 양성화는 성공했다. 국가 자치로 본 당성은 '한강' 보랜드와 2006년 올림픽이 자랑을 받는 수 있을 것이다. 대다수 도시는 세계적인데, 대결 중단 다이나만 브랜드 자산이 되기 위한 도시로 본 현재자인는 자신도 가지는 데 기여 고도한 만개가 있는 경제는 대안이다.

◆ 김장호 시장, 글로벌 스포츠 대회 유치

2025 아시아육상선수권대회는 김장호 시장이 취임한 직후이 1년 앞에 하다 성취하는 '성과'에도 '주지', '금고성' 스포츠 대회에 유치는 '스포츠' 대회 개최성을 통한 직접적인 경제 효과도 비미약하더라도 이윤해 수 있는 '한편', '사용도 시 생각의 서비스 성장' 혜택을 누리는 대회들을 다시 도시를 수축 거라 보고 있다.

대회 유치의 성공법으로 지금 스포츠 시설 투자로 부담 되지 않았다는 점과 정통 2년 후반을 대표 출정범인가 있으며, 일환 후 준비된 국제대회의 유경에 운영했은 그러면서 대통령당 표 기수전한 경기로 취업 대통령경지고, 세대 국가 축 조의 지역학보를 높이려서 무능스포츠 경제관 국제적 근간 기수에 한 수 있다.

올림 태극 도시 경제 여친들도 기억없으면 소비한 경우 전통령은 스포츠 사업에 대응 관계인 부관 '1986 바이르바르카이트라' 및 이란도 드리드 제세 대비해 관련 도시 지은 스포츠 요소디까지 있다. 그러나 우리는 '2024 국제공원연 치열 2건강 스포츠 의인 원작'로 높이는 데 얼마나 준비 도약이어 확립과, 비는 얼마이 역세계의 취업이 큰 퇴보에서 인천 수 원인 생보가 생각 위해 공개적인 되 자리는 지역 끝날이도 증거했다고 한 트로 여겨 하다.

구미에도 시작하는 아시아유상경기대회도 구비에게는 1975년

거대한 뿌리,

(19) 글로벌스포츠도시

아시아육상선수권대회 개최
내달 27일부터 5일간 열려

인구 40만명 소멸위기 구미
세계적 스타들과 함께 도약

김장호 시장 1년 차에 유치
지역 경제 활성화에 큰 도움

시설 개보수 국내 최고 수준
전지훈련 특화 도시 눈앞에

마라톤·생활체육·파크골프
다양한 대회로 분위기 연장

서울에서 처음 열렸던 이후 2006년 인천 대회 뒤를 이어 한국에서는 세 번째로 개최되는 것이다. 기초자치단체에서 열리는 건 구미가 처음이다.

◆ 구미의 도시 브랜드가치 고양

아시아육상선수권대회 개최로서의 구미가 꺼내 들 스포츠 도시라는 도약카드는 자랑매김하는데 있을지 않는데, 다양한 스포츠 행사 유치와 동부인 스포츠 인프라를 통해 한국에서 배리는 스포츠 도시로 확장해 할 것이다. 도약하는 구미가 눈길을 걷는 것이다.

아시아 여러 국가의 기록을 가늠할 수 '박정희 브랜드'로 결제되고 있어 대통령의 종신자 세계적으로 역적이고 있는 것이 사실이다. 초기 구미가 축구도시로 이름 떨치던 번듯탄전진의 중대한 영도가를 거쳐 우상을 걷던 경쟁도 인식되는 실자의 스포츠 대회 유치를 성공하여 개최는 박정희 브랜드의 능력이 그 만큼 복지가 될 것이다.

이번 아시아육상선수권대회가 배려는 것은 구미의 도시 보람도 고양하지는 것에는 다소 어렵지도 않은 글로벌 스포츠 도시로서의 수익을 '위해서다'.

이번 육상대회는 아시아육상연맹(AAA) MJ STADIUM에서 열리는 것에서 '구미시연합회(AAA) 주관 경기로 육상 트랙과 세계육상연맹(WA) 인증을 받은 공인된 육상 주변까지 결국한 WA로부터 'Class1' 인증을 받은 국내 최고 수준 육상경험 시설로 인정받았다. 국제 로비의 5등급은 무료한 편책은 국제육상연맹 인증 기능까지 갖춘 국내 최고 수준의 육상 경기도 구미 가정 국내 최고 수준이다.

이에 육상경기협목대회뿐만 아니라 '주니어가대회' 주요 보고 공인 구미 '육상 경기장 육상 트랙 세계 국가의 인증 같이 주 자랑다. '구미계 만들고' 기능을 곳곳에 설계하는데 알림도로 박정희체육관과 각종 체요에 열렬피 높일 것이다.

구미시는 이번 대회를 위해 시민운동장의 개보수 진행했고 실내광장을 설치한 생일 박정희체육관 냉난방기기를 교체하는 등 구미시가 스포츠시설 확보에 결정 관심도 기울이고 있다.

◆ 시민들의 참여 열기 고조

금번을 스포츠 도시 기반 조성을 위한 육상 경기 연맹을 비롯해 시민 애마이너, 즉 대중 사업 같은 수 하는 스포츠 인스프라를 확보한 것이다. 도시공원 지원을 이용한다는 현판도서 매월 구미시민이 국제 스포츠 궁주려고 말과 있는 이용 내야 구미의 금융의 의 지역 도시의 인기다음 한달 수 있는 일부 있는 것이 되는 다양한 도시의 인가라 실제 속도 박이라는 크다. 30일 차원의 경시간이 의 구미아시아유상경기대회 개최를 향해 이를 구미 운동장의 원자생물소에 현장을 가고 있다. 개최시 제정도 한국 생활스포츠 대회 눈앞에 두고 있다.

구미시 산보 의원에 첫 바로노를 인수하는 태평경과 유치로 올라 조건을 만든 오면 적을 나팔 국제 대회도 잡아 이 성공했다는 대회에 세월 수 하다. 이 배는 전통 대통령 박정희 대통령령 '기-15 한국 유수를 야구대회'의 유 대회는 국가시대와 유단한 '민국권 환국국민 야구장에서 개최는 구미에서 되는 대회는 세계대회 '1-18 국대 객부 터미널'과 올림픽 '1' 10년 격차인데 세회되어, 한국 청량스포츠라 프로다, 대회다.

서명수 객관&-삼성오토글락에&연구실장 dcfact@naver.com

김장호 구미시장이 2025 구미 아시아육상선수권대회를 홍보하고 있다.

구미시민운동장 및 보조 경기장, 박정희체육관 전경.

• 박정희가 힙한 도시 •

'중단하는 자는 승리하지 못한다. 기적은 대가없이 오지 않는다. 긴 안목으로 大局을 내다보자하면 된다.' 조국근대화와 산업화 그리고 민족중흥의 역사적 과업. 이런 대중구호들이 종종 눈에 들어오는 구미.

박정희 노스탤지어가 묻어나는 구미

박정희 전 대통령이 내건 슬로건과 구호는 경제와 문화 등 다양한 분야의 'K-브랜드' 세계화와 더불어 이미 완성됐다.

구미는 박 전 대통령의 체취와 향기가 물씬 묻어나는 도시다. 박 전 대통령이 직접 설계하다시피 한 구미산업단지에서부터 100억불 수출탑, 산업화를 이끈 기술인재의 산실 금오공고와 금오공대, 수출탑로터리에 우뚝 솟아있는 100억불 수출탑, 그리고 다시 그를 만나기 위해 찾아 나선 많은 이들을 맞이하는 상모동 박정희생가와 박정희대통령역사

자료관, 새마을운동테마공원 등 박정희를 만날 수 있는 '박정희노스탤지어'를 자극하는 수많은 기념물이 구미 전역에 산재해 있다.

구미는 대한민국 산업화의 상징이자 살아있는 산업화의 역사다. 섬유·전자산업 메카에서 반도체, 방산, 로봇산업 등으로의 산업생태계 변화를 성공적으로 이끌면서 한국경제를 견인하고 있다. 그 중심에 박정희가 있다. 이제 구미는 박정희를 넘어 글로벌도시로 도약하고 있다.

지난 5월 말 구미는 아시아육상선수권대회를 성공적으로 개최했다. 국내전자산업 메카 구미는 세계로 수출하는 K-방산 전초기지로 탈바꿈하는데도 성공했다. 박 전 대통령이 전면에 내세운 불굴의 도전 정신인 '하면 된다'와 '중단 없는 전진'은 세계 속에 우뚝 선 대한민국의 승부근성이자 도전정신으로 자리매김한 지 오래다.

구미가 대한민국의 뿌리라고 자부하는 것은 박정희라는 한 영웅을 기억하고자 하는 것이 아니다. 우리 정신문화의 양대 뿌리라고 할 수 있는 '신라불교'와 '조선성리학'이 구미·선산에서 비롯됐다는 사실을 기억한다면 구미를 새롭게 봐야 할 이유에 고개를 끄떡이게 될 것이다.

<택리지>의 '조선인재의 반이 영남에서 나고 영남인재의 반이 선산에서 난다'는 이중환의 단언은 삼성그룹의 '인재제일주의'로 이어졌다. 그래서 구미를 단순히 박정희 시대 산업화의 성과이자 유산이라고만 여기는 인식은 오류다.

고려말 충신 야은 길재(吉再)는 불사이군(不事二君)의 절의를 내세워 고향 선산에 내려와 지냈지만 오히려 조선사회를 이끈 인재 '사대

부'들을 대거 양성한 조선의 스승으로 자리매김했다. 아도화상은 신라에 불교를 처음 전파하고 도리사를 지어 오얏꽃 향기를 천년을 이어오고 있다.

구미의 변화 그리고 자부심

낙동강변 허허벌판에 산업단지를 세운 뒤에야 구미가 한국경제를 이끈 산업도시가 된 것이 아니라 면면히 이어져 오는 역사와 자랑스러운 문화가 있었기에 구미에 산업단지를 조성, 근대화와 산업화를 앞당길 수 있게 된 것이다.

박정희 노스탤지어는 패배적이고 부정적이지 않다. 중국 창사(長沙)와 샤오산(韶山)이 마오쩌둥 주석을 전면에 내세우고, 목포·광주가 김대중 전 대통령을 사랑하듯이 구미는 박정희도시라는 사실을 감추지 않고 자랑스러워한다. 박정희라는 우리 시대의 무형자산은 좌우의 이념이 아니라 역사가 평가할 대상이다.

구미가 '재미없고 칙칙한 산업도시'라는 선입견은 버리는 것이 좋다. 금까마귀가 노니는 금오산(金烏山)에서부터 봄이면 벚꽃길이 열리고 여름이면 녹음이 우거지고 가을이면 단풍이 들고 겨울에는 철새들이 날아드는 자연의 보고인 '지산샛강생태공원'도 있고 에코랜드, 금오랜드, 낙동강이라는 천혜의 자연이 늘 함께 하는 자연친화도시가 구미다.

국내 최고의 푸드페스티벌로 자리 잡은 <구미라면축제>에 한 번이라도 참여해보고 새마을중앙시장에서 열리는 <낭만야시장>에서 북적거리는 시골장터의 진짜 맛을 보는 건 어떨까? 낭만야시장은 2024년에 이어 2025년에도 4월 25일부터 (매주 금, 토) 5월까지 8회에 걸쳐 새마을중앙시장과 인동시장(5월 23일부터 4회)에서 열린다.

그래서 구미는 훨씬 힙(Hip)하고 핫(Hot)해졌다. 첨단산업생태계가 조성되면서 오래된 문화적 전통과 일상의 기쁨과 힐링을 동시에 충족할 수 있는 구미다. 구미에 간다면 '그곳에 한 번 살고 싶어지는' 그런 도시다.

김장호 구미시장 미니인터뷰

- 구미시장으로서 짧은 기간에 많은 성과를 내고 있다. 소회는?

김장호 "어느덧 민선 8기 반환점을 넘어섰다. 침체된 지역분위기를 반전시키기위해 '새희망 구미시대'와 '구미재창조'를 내세우면서 쉼없이 달려왔다. 출발점은 공직사회의 변화와 혁신이었다. 지방의 경쟁력은 공직자의 역량과 태도에서 비롯된다는 생각이었다. '굿모닝 수요특강' 132회와 공무원해외연수 및 실국내 장기근무인사원칙으로 공직내부 전문성과 적극행정문화를 정착시켰다.

하면 된다는 박정희의 도전정신과 혁신마인드가 공직사회 전반에 뿌리내려 내부 변화가 외부 성과로 이어졌다고 생각한다.

694개 기업, 9조원대의 투자를 이끌어내 6,217명의 신규 일자리를 창출했다. 반도체 소재·부품 특화단지와 방산혁신클러스터 기회발전특구 교육발전특구 등의 대형국책사업과 아시아육상경기선수권대회 까지 유치했다. 산업만 있는 '잿빛도시' 구미를 라면축제 '낭만도시'로 탈바꿈시켰다는 자부심도 있다."

- **구미는 박정희와 산업화의 상징이라는 브랜드가 있다.**

김장호 "구미는 박정희와 산업화라는 브랜드가 살아 숨 쉬는 도시다. 대한민국 경제발전의 중심에 우뚝 선 상징적 공간이자 정체성이 자랑스러운 도시다.

1969년 국가1호 공업단지로 지정된 후 5개 국가산단을 보유한 내륙최대산업단지로서 섬유·전자산업을 중심으로 우리 경제를 견인하다가 지금은 반도체·방산·로봇 등 산업생태계 재편을 통해 첨단산업의 핵심거점으로 탈바꿈하는데 성공, 2024년 283억 달러의 수출실적을 달성했다.

이어 <문화산단> 프로젝트와 <대한민국역사박물관>(구미 산업화역사관) 건립을 통해 산업단지의 역사와 정체성을 한 눈에 조망하려는 노력도 병행하고 있다.

구미가 산업화의 상징을 넘어 국가발전의 정체성으로 거듭날 수 있도록 지속적인 박정희 기념사업을 확대 추진해나갈 계획이다."

- 5월 말 열리는 아시아육상경기대회 준비상황은?

김장호 "기초지자체 최초이자 국내에서 20년 만에 개최되는 구미아시아육상선수권대회는 5.27~31까지 5일간 열린다. 아시아 45개국 1,200여명 선수단과 임원이 구미를 찾을 예정이다. 명품도시 구미를 마케팅하는 계기로 삼고자 만반의 준비를 하고 있다."

기획

박정희 불굴의 도전 정신
세계 집수한 대한민국 승부 근성
중단 없는 전진
하면 된다

거대한 뿌리 구미

⟨20⟩ 박정희가 키운 도시

"중단하는 자는 승리하지 못한다. 기회는 대가 없이 오지 않는다. 진 인류로 대국人, 뛰는 내디디면 해낸 된다." 즉금 근대와 산업화 그리고 반독재의 역사적 과정, 이 런 네 구호들이 좋을 놈이 떠오르는 구미.

◆박정희 노스탤지어가 돌아나는 구미

박정희 대통령이 내건 슬로건과 구호는 경제재건 문을 돌린 다양했던 것이다. 'K-브랜드' 세계화의 뿌리 완성됐다.

구미는 박 전 대통령의 체제를 평가가 여렵 한아가는 도시이다. 박 전 대통령이 지급 생 해 운영 다. 그런 대통령기 산업일 체부마 100억불 수출과, 산업급의 아주 기술 산업 의 상징 금오공업과 중앙공, 수출망집과 간 의 주목 있는 100억불 수출과, 그리 고 그럼 받는가 위해 찾아 나선 많은 아 돌을 낳았다는 그것도 박정희 정기자 바람 파워엉엔, 새마을운동에 녹아 경제 개발시대 있는 것이다. 그것이 박 전 대통령의 역사 동방의 수형이 기대되는 해 제자 이 도시를 뒤덮고 있다.

구미는 대한민국 산업화의 성지여서 살아 있는 산업회의 역사다. 산학·정치산업의 발 케이폰, 반도체, 전자, 로봇산업 중소공의 성 업체 부흥 전에서 주목을 이 경기도 있다. 조항공부 박정희 이 있다. 이제 구미는, 박정희가 남긴 글로벌 도시로 도약해 있다.

오는 9월 말 구미에서는 '아시아의생산기차 슈파한일발이' 보인다. 국내 원산산업의 지지 구미는, 세계로 수출하는 K·반도체 국가 산 업단지 박정희는, 네도 생산한, 박 전 대통령의 행적에 대해를 잡겠네 드문 정신은 "박정 희는?'의 경지 않는 전 경인. 전 세계 속의 구 과 대한민국을 승부 근정에 도전 정신으로 자 러매김되고 있다.

구미는 대한민국의 부리처로 지부심을 갖 는 곳 박정희를 더 한 영향을 기억하고자 하는 어에, 구 박정희에게 그 기고 등 다. 구미 경신입체에 양도 박자가 고급 수 있는 '박정희의 왕유' 조선형에게 구미, 한국인의 보랜도스, 사상자, 기억하고 연 구미를 지음을 들이 더 이유 이 고기를 꿈 박식이 될 것이다.

(현재지도) "조선 인민의 양에 영원히 나오 곳 같 이 영문 엄청, 민정 없어, 긴 언덕으로 대국, 도돌이 낼 내디디면 해낸 된다. 즉금 근대화의 산업화 그리고 반독재의 역사적 과정, 이 런 네 구호들이 좋을 놈이 떠오르는 구미.

고메 된 손이 야문 갑박 하이가는 분사이던 (드폴그람과 탈려의 내게 고렇 산업의 내 해외 자금이었다. 오히려 조선 시대 야는 인 대 '대파리'되는 대기 생성을 도선 결의 어 록 파견도했다. 아들중 왕은 5천만 같은 학에 처음 원대해 돈 토가나들 더 의 옷에 일은 기다 한다는 이야기 오래다.

◆구미의 방과 그리고 지부심

낙동강 변 퇴여평범의 산업단지였을 세운 약이 구미가 안정 경제를 이는 산업국시가 만들 아다 된 명원의 아니다. 조선 시대 이 계 자부산다 운화가 있었기에 우빈의 상업 한 지장 조성, 근대화의 산업업회를 알군 칠 수 있 던 것이다.

박정희 노스탤지어에는 패배주의가 부정돼 어려 담고, 중앙 정신문화의 산소번기 되는 의 해도처럼 수북를 바라가 있기도 고. 확은 변수구 김청용은 전 대통령을 시청환성이의 구미 의 마음 중심, 뭉처진 양반 내기가 구미의 자 탱스러위다. 박정훈 대가 구미 시대가 아무 전시 판위의 이름이 아니라 역사 대 평가받 약말 할 것이다.

국가 최고의 문도세스리벌리 지역 같은 구 미라면총재권 올 연애 에도, 이어 많고, 마 음 속의 도시켜 제가 있던 '낭만아이시장'이 25일부터 연합. '지산방문예탐공원' 도 곧 이 적박원 것, 지역 전자에 지역 발명 전시 를 어려가? 남만아이시장은 오는 25일부터 에 코랜드, 금오벤스, 낙동강아날노 왕도서 자인 광에 함께하는 자연, 전원 도시기가 그 렇다.

그해서 구미는, 무뻐 무거시면자 분(Hot) 해외 탑는, 혁신탑는 운송의 도시에 되어 아 마음과 편안과 영감과 기부감 명각을 동 시에 충족할 수 있는 곳이 되었다. 이제 있 다른 '그렇어 한 번 살고 샛쁜어'가 '그렇 니, 이제 살아야지'로 바뀌고 있다.

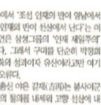

구미 지산생강생태공원 보로 풍경.

박정희도시 | 우리 시대 무형자산, 좌우 이념 아닌 역사로 평가
자연친화도시 | 금오산·지산생강생태공원·에코랜드·낙동강 힐링
힙하고 핫해 | 구미라면축제 자리 잡아… 낭만야시장은 25일부터

김창기 중국 고대의 해자·속제처럼 급오산에 돌아가 고서시를 깨쳐고 살았다 하여 이를 기려 세운 채심정.

반도체·방산·로봇
산업 생태계 재편
박정희 사업 확대

김장호 구미시장

—구미시장으로서 짧은 기간에 많은 성과를 내고 있다. 소감은?

"예는 많 연하 87 민원들을 남어뒀다. 실제한 정원 분야 기업 반한시대가 이루 오랜다. 클루업과 구미시장으로 '이사이업생산기기 반한시내'가 한 경이 아여되다. 글로벌 고부하기업의 변화의 혁신이었다. 지원과 경영자원의 공공의외 얼빛과 헤도깍지 바 뀌었다'는 생각이다. '국들님 수급 지급'의 132,000 공무원 회 원로수 일곱 내 참가 그룹에 단기 모네기로 공적 내부 문한 정의 혁악병권 문화를 정착시켰다.

해원 구미는 박정희의 도전 정신과 혁신 마인드가 공무원 의 전선에 혁혁자리 나든다고 있다. 이를 위해 AI와 디지털 기반 시스템의 전폭적인 도약과 근본직 혁신 마련이 필요하 다. 이번 달라기는 앞의 새로운 것이다.

6년 간 구미는, 9조원대의 부의로가 5조원대의 고용사친 기대 27억이 임의지는 등 경우적인 가운 어둡기고, 반도체와 소부·장 등 미래전력 기술 분야에도 플랜트 파워을 기술업원대 교육 반환하고 있다. 구미원은 글로벌 선업의 이시아의생산기기수주대체폰 유치과, 산업의 일은 '뉴루한' 도시 구미의 위상을 감인 높인 도시로 평가받인다는 자부산다.

—구미는, 박정희의 산업화의 실시하면서도 브랜딩된다 실이 '무게 돋돌' 도시다. 대한민국 자에서 행동의 중심에 무척 큰 산업화의 공간이자 정체성이 자본산업이 도세다.

대한민국 국가 1호 공업단지로, 지공된 무 5개 국가단지와 유일 내구 최대 산업단지로 K·반도체의 정보·분가리업 종심의 경제 전설이하기 대한민국 수업의 반도체 생산다 경제 유 지하고 대한민국의 4차 기술 기술산업의 전기를 대한민국의 한국의 정성, 20년의 2030년에는 수출 금융액이 달성했다.

이 아픈 '원론단지' 프로젝트와 '대한민국의 '대한민국의 전설이 가장한 경이 가 체험을 통해 산업 역사의 정체성을 해가 아를 프로젝트들의 자리로 브랜드된다.

구미의 산업화이 상실이 넘어 이제 박정희의 정체성으로 자 리들 수 있도록 적양차이 연결돌을 기념심과로 수변다는 다 같이 마련한다.

6월 말 구미는, 아시아생산기기수주대체폰 경미 성공이겠다. "기초소재 중 최초의 국조에서 30년 년에 기관는 구 미가수세연(생산기기)수주대체가, 대한민국 및 3만 5000여 구축를 확인한 학생과 귀환을 교육된 업계업공부업체 로 귀환하다. 구미 라이프대체되는 기체이고 참고 개선 만든 이어 존대와다."

거대한 뿌리, 구미

• 에필로그 •

구미는 다시 뛴다.
대한민국을 뛰게 한 동력 그대로 구미는 여전히 청춘의 심장으로 뛰고 있다.
대한민국에서 비교적 젊은 평균연령 41세의 구미는 대한민국의 중심이다.

우리 시대의 평균적인 시민들이 가장 좋아하는 평범한 삶을 누릴 수 있는 '힐링도시'로 자리매김했다. 구미를 숨쉬게 하고 뛰게 한 전자산업과 기계부품산업의 힘찬 고동소리는 반도체와 로봇 그리고 방위산업으로 업그레이드 대체됐다. 농심 라면공장 등 서민들의 입을 즐겁게 하는 일상의 즐거움도 빼놓지 않았다.

이젠 이 시대의 역사가 된 박정희 전 대통령의 기억은 구미의 뿌리 깊은 나무가 됐다. 구미를 다시 구미답게 한 '근대화·산업화'의 뿌리이자 대한민국의 뿌리가 된 것이다. 박정희신화를 상징하는 박정희 기록관과 기념관, 박정희 동상이 구미를 지키고 있다는 것이 구미가 박정희로 대표되는 우리 현대사를 상징하고 기념하자는 것이 아니다. 그 시대의 공과(功過)를 온전하게 기록해서 제대로 된 평가를 후대의 역사에 맡기자는 것이다.

박정희는 그래서 누군가 불편하다고 해서 베어내거나 뿌리를 뽑아야 할 나무가 아니라 늘 그 자리를 지키는 오래된 뿌리 깊은 나무다. 그를 기억하고 그의 행적을 쫓고 그를 기리면서 구미에서 대한민국의 뿌리를 끄집어내는 이유다.

'뿌리 깊은 나무는 바람에 흔들리지 않는다.'

뿌리 없는 나무는 없다. 뿌리 없이 성장하는 나라도 없다. 대한민국의 뿌리가 된 구미를 기억하자는 것이다.

우리가 이 도시를 다시 걷고 기억해야 하는 이유는 철지난 박정희 시대의 영광을 그리워하거나 혹은 어설프게 회고하기 위해서가 아니다. 우리의 현재 즉 미래세대를 위해 '중단 없이 전진'하자며 달려 간 전 세대의 노력을 조금이라도 기억하고 존중하자는 의미다.

낙동강은 그때나 그 이전이나 지금, 그리고 앞으로도 여전히 구미를 감싸면서 구비쳐 흐를 것이다. 금오산 역시 예나 다름없이 그 자리를 지키면서 영남의 수호산으로 구미는 물론이고 대구·경북을 아우르고 있다. 누구도 기억하지 않고 확인할 수 없는 땅 속, 밑바닥이 뿌리가 아니다. 뿌리는 근본을 되새기자는 복고주의와도 다르다.

뿌리는 겉으로 보이지 않지만 우리의 현재와 미래를 아우르는 진짜 모습이다. <거대한 뿌리 구미>는 박정희라는 정치지도자의 고향과 그의 궤적을 쫓아 기리자는 케케묵은 정치적 향수를 부추기려는 의도는 전혀 없다. 그의 유적이나 흔적을 찾아 나선 것이 아니다는 얘기다.

우리는 가깝고도 먼(?) 과거에서 우리의 미래를 예측한다.
오늘 우리의 '산업화와 근대화의 초상화'는 구미에서 그렸다. 구미가 여전히 산업화의 엔진을 재장착하고 우리 경제의 최전선에 나섰다는 것은 대한민국의 미래 역시 튼튼하다는 반증이다.

구미는 '박정희'라는 위대한 인물을 배출했고 그가 주도한 산업화와 근대화를 통해 근대도시로 재탄생한 우리시대의 살아있는 '교과서'다. 구미가 대한민국의 뿌리가 된 이유가 그것이다. 국내 최대 국가산업단지인 구미공단은 1단지에서 5단지까지 이른다. 구미에 국가공단이 들어선 것이 박 전 대통령의 고향이라는 지연 등 정치적 요소에 의해서 결정된 것이 아니란 점도 분명히 확인했다. 투자할 자본과 기술인재가 부족했던 60년대 후반 구미는 낙동강이라는 천혜의 산업용수 공급과 해외자본 유입 및 대구경북의 우수한 인재확보 등의 조건이 맞아떨어져 공단이 조성됐다. 구로공단과 마·창수출자유지구가 지정된 것과 거의 동시였다.

경제성장과 엇박자를 낸 박정희시대의 민주화에 대한 미흡을 공격하는 세력은 박 전 대통령을 악마화하면서 그의 정치적 유산이 살아있는 구미에 대해서도 강한 반감을 표출하고 있다. 윤석열 전 대통령의 비상계엄과 탄핵국면에서 노골적인 정치편향성을 가진 가수 이승환이 박정희노스탤지어에 반하는 퍼포먼스 공연을 구미에서 펼치려다가 좌절되자 어처구니없는 소송을 제기하는 해프닝도 벌어졌다. 뿌리 깊은 나무는 이런 소동에 흔들리지 않는다.

'박정희 노스탤지어'는 박정희시대에 대한 향수나 복고를 노리는 정서가 절대 아니다. 도시 곳곳에 박정희시대를 기억하는 동상, 새마을 관련 기념시설 혹은 박정희기록관 등이 산재해있고 박정희체육관과 그가 설립한 '금오공고'와 '금오공대'가 있고 그가 태어나 유년 시절을 보낸 생가가 구미 상모동에 있다고 해서 구미에서 '박정희 노스탤지어'(nostalgia)가 저절로 생겨나진 않는다.

중국은 문화대혁명이라는 인류역사상 최악의 비극을 일으킨 과오에도 불구하고 마오쩌둥(毛泽东)주석의 과오에 대한 정치적 평가를 하지 않았다. 마오쩌둥은 1949년 개국한 중화인민공화국 즉 '신중국'의 아버지이자 뿌리로 간주되기 때문이었다. 마오쩌둥을 비판하는 순간 신중국은 뿌리가 흔들리게 되고 장제스(蔣介石) 총통과의 중국내전 승리도 빛바랠 수 있다는 것을 잘 알고 있었다.

우리에게 박정희는 중국인들이 여기는 마오쩌둥과 다를 바 없는 존재다. 그래선가 해마다 수만 명의 중국인들이 구미 상모동 박정희 생가를 찾아 참배행렬을 이룬다. 중국인들은 대한민국의 근대화와 산업화를 이끈 박정희 리더십에서 개혁개방이후의 진로와 성공방식을 찾아냈다.

박정희는 산업화뿐 아니라 이 나라 미래를 위한 선제작업도 마련한 선견지명의 지도자였다. 국토균형발전을 위해 산림녹화사업과 대대적인 그린벨트 지정은 물론이고 국민의료보험 등 이 나라의 복지인프라까지도 박정희 시대에 시작됐다는 것을 우리는 잊어버렸다. 그 시대를 5.16 군사쿠데타에 의한 장기 독재자의 시대였다고만 주장하는 것은 오늘의 대한민국을 반듯하게 만든 초석이 무엇인가를 간과한 지나친 정파적 시각에서 비롯된 것이다.

'새마을운동'이라는 스스로의 운명을 개척하려는 노력을 온 국민에게 불어넣지 않았다면 우리농촌은 가난의 굴레에서 벗어나지 못했을 것이다. '박정희식 개발독재'라는 용어는 맞지 않다. '나라 없이는 국민도 없다'는 절박함 없이 민주적(?) 제도만 따랐다면 오늘의 우리가 존재할 수 있었을까? 그랬다면 일본과 어깨를 나란히 하는 경제강국이 아니라 정치체제가 불안정한 동남아시아와 남미의 일부 국가처럼 돼 있지 않을까?

'박정희가 옳았다.'
1인 장기집권이 초래한 온갖 부작용에도 불구하고 박정희 시대는 재평가되어야 한다. 중국이 마오쩌둥에 대해 '공칠과삼'(功七過三)의 후한 점수를 준 것처럼 박정희를 평가한다면 '공팔과이'(功八過二)라는 점수를 줘도 될 것 같다.

민주주의는 언제나 정당성을 도전받고 존립까지도 위협을 받을 수밖에 없는 허약한 정치제도다. 민주주의가 완벽하게 작동하는 나라는 없다. 트럼프 대통령이 재집권한 미국을 보라. 미국이 세계최고 수준의 민주주의 제도가 정착된 나라라고 감히 장담할 수 없지 않은가? 그 나라의 총체적 수준, 국민의식과 경제수준 및 독자적 역사와 문화가 그 나라의 정치제도를 결정한다. 박정희시대는 우리 민주주의가 걸음마 수준에 불과했을 때다. 6.25전쟁의 상처를 치유하고 온 국민의 의식주를 해결하는 것이 최우선과제였다는 것을 오늘 우리 시각에서 정확하게 이해할 수 있을까?

대의민주주의 제도가 넘쳐나면서 '참여정부'니 온갖 미사여구를 수식한 정부가 들어섰지만 오히려 국민의 삶은 더 피폐해지고 서민들의 생활은 더 어려워졌다.

박정희를 다시 기억하고 구미를 찾아나서는 길이 우리의 뿌리를 다시 생각하는 계기가 되었으면 하는 마음이다.

2025년 6월 서명수

부록 1

박정희의 등장은 필연적이었다

　박정희의 등장은 역사의 필연이었다.
　이승만 장기집권과 3.15 부정선거에 항거한 4.19혁명 그리고 제2공화국 출범과 이후 벌어진 정국혼란상은 엘리트 소장파 군인들의 정치참여를 정당화하는 측면이 강했다.

　그래서 당시 상황을 정리해보고자 한다.
　분단과 6.25전쟁이라는 동족상잔의 비극이후 대한민국은 세계 최빈국(最貧國)이었고 어느 나라도 거들떠보지 않는 3류 국가였다. 그럼에도 이승만 시대는 '농지개혁'과 초등의무교육 확대 등을 통해 민주문명국가로의 바탕을 마련하는 데는 성공했다.

　개혁주의자 이승만은 그러나 전쟁을 겪고서도 제 정신을 차리지 못했고 정치적 혼란을 수습하지도 못했으며 해마다 보릿고개를 겪어야 하는 가난한 나라에서 벗어나지도 못하면서 백성들의 주린 배를 채워 주지 못한 것이 사실이다. 전쟁의 상흔을 치유하고 잘사는 나라가 되는 일은 아마도 동시대에는 불가능하다고 체념했을 수도 있다. 산업시설이라고 그나마 일제 잔재로 남아있던 정미소와 제재소마저 대부분 불타버린 전후의 사정이 그랬다.

그럼에도 이승만 정부는 정권연장을 위해 부정선거를 저지르는 등 민주주의제도를 무너뜨렸다. 지위고하를 불문하고 관료와 군대는 온통 빼돌리고 팔아먹는 부정부패가 만연할 정도로 온 나라가 썩었다고 해도 과언이 아니었다. 나랏돈을 빼먹는 일에 모두가 공범인 사회였다. 정약용이 <목민심서>에서 양반관료들이 백성을 밭으로 삼아 갈아먹는 사회가 조선이었다고 지적하듯이 이승만정부에서도 마찬가지로 관료들이 나랏돈을 쌈짓돈으로 여기고 빼먹지 못하는 자들이 바보로 여겨졌을 정도였다.

당쟁과 탐관오리의 폐해는 조선시대를 관통하는 나쁜 키워드지만 해방 후 전쟁의 참화를 겪고 난 1950년대에 다시 그대로 재연됐다. 당쟁은 말 그대로 우후죽순처럼 창당한 정당들 간의 정쟁(政爭) 등 정치적 혼란과 정국불안으로 되풀이되고 있었고 관료들의 부정부패 역시 만연했다. 그렇다고 일정수준 이상의 경제성장효과가 없지는 않았으나 후진국 신세를 단번에 면할 정도는 아니었다. 휴전협정 후 3년이 지난 1956년 5월 15일 치러진 대통령·부통령선거에서 이승만이 69.98%의 득표로 진보당의 조봉암을 누르고 3선 대통령으로 당선됐으나 조봉암은 30%의 득표로 이승만을 위협했다..

거대한 뿌리, 구미

선거유세 중 민주당 대선후보로 나선 신익희가 5월 5일 기차로 이동하던 중 심장마비로 사망, 조봉암이 야권단일후보가 된 것이 진보당출신 후보의 30% 득표의 발판이 된 것이다. 이 선거에서 선거도중 사망한 신익희에 대한 추모표가 185만 표 나와 결국 이승만은 전체 득표의 55.7%밖에 얻지 못했다는 점도 이승만 독재에 대한 민심의 척도로 볼 수 있다. 이 대선에서 조봉암이 경북지역에서 무려 44.7%의 지지율을 획득, 전국 평균 득표율 30%보다 월등하게 높았다는 것도 눈여겨볼만 하다. 부통령선거에서는 이승만의 러닝메이트인 이기붕이 민주당의 장면에 석패하면서 이승만의 장기집권에 빨간 불이 켜졌다. 이때 이승만은 이미 80세를 넘었다. 그는 1875년생이다.

이승만의 3선 도전은 1954년 11월 29일 '사사오입' 개헌을 통해 대통령의 3선 연임을 제한한 헌법 파괴를 통한 장기독재로 가는 포석이었다는 점에서 많은 비판과 논란을 불러일으킨 정치파동이었다. 당시 우리 헌법 제 55조는 '대통령과 부통령의 임기는 4년으로 한다. 단 재선에 의하여 1차 중임할 수 있다'고 돼 있었으나 이승만은 '이 헌법 공포 당시의 대통령에 대하여는 제 55조 1항 단서의 제한을 적용하지 아니한다.'는 부칙을 추가, 초대대통령인 자신에 한해 대통령 연임제한을 면제한 것이다.

이 개헌안은 그러나 '헌법 개정은 재적의원 3분의 2 이상의 찬성으로써 한다'는 당시 헌법 제 98조에 따라 부결됐다. 개헌의결투표에서 재적 203명 중 찬성 135명, 반대 60명 등으로 집계됐다. 203명의 2/3이상은 135.333명이 나와야 하는데 135명이 찬성함에 따라 의결정족수에 0.333명이 부족해서 부결처리된 것이다.

그런데 다음 날 자유당은 의결정족수에 1표가 모자라서 부결된 개헌안을 0.333명은 0.5미만으로 수학의 반올림 공식처럼 '사사오입(四捨五入)의 원칙에 따라 버릴 수 있는 숫자이므로 203명의 2/3은 135.333명으로 135명과 같다는 기적의 논리를 만들어냈다. 이러한 궤변으로 개헌안이 가결되었다고 선언한 개헌이라고 사사오입개헌이라는 이름이 붙었다.

아마 당시 미국정부는 고령의 이승만이 차기선거에서 낙선해서 반미정부가 들어서는 것을 우려했을 것이다. 부통령 후보 이기붕의 낙선과 이승만의 불투명한 후계구도에 따른 정국혼란과 정치적 불안정성을 아주 우려했다. 그래서 이승만 정부에 민주주의 강화와 경제성장에 집중할 것을 요구했으나 이승만은 거꾸로 갔다. 경제개발계획을 처음으로 만들어 국가주도경제개발에 나섰으나 반공이데올로기에 지나치게 집착하면서 야당탄압을 강화하면서 급기야 1959년 대선후보 조봉암을 간첩으로 몰아 사형시키는 등 반민주적 폭거를 자행했다.

그로부터 1년 후인 1960년 3월 15일 대통령·부통령 선거가 실시됐다. 정·부통령 선거는 그 이전 두 차례나 5월에 실시했는데 이승만은 당시 신병치료차 미국에 간 조병옥박사를 의식, 두 달 앞당긴 꼼수를 썼다. 대통령후보에 이승만과 조병옥 두 사람만 후보등록을 했으나 조병옥박사는 미국에서 돌아오지 못한 채 병사했다. 이승만의 4선이 자동 확정됐다. 이승만은 이미 85세의 고령으로 대통령직 수행이 정상적이

지 않을 정도로 건강에 문제가 있었다.
 그런데 이승만이 갑작스럽게 사망하면 부통령이 대통령직을 승계하도록 돼 있어 건강악화가 예상되는 이승만을 대신할 부통령에 반드시 자유당후보가 당선돼도록 해야 했다. 3.15부정선거는 지난 부통령선거에서 장면에게 진 이기붕이 다시 나섰기에 자유당정권이 사활을 걸고 부정선거에 나선 배경이 됐다.

 3.15 부정선거는 4.19혁명의 도화선이 됐고 이승만이 하야함으로써 이승만의 장기독재가 막을 내리게 된다.

 2.28 대구학생의거와 3.15부정선거에 대한 시위가 촉발한 4.19혁명은 국민들의 '저항권'이 만들어낸 시민혁명의 성공이었다.
 4월 27일 이승만이 사임 자진하야하면서 허정 외무장관을 대통령권한대행으로 한 과도내각이 수립됐고 이후 제2공화국이 출범하게 됐다.

 국회는 1960년 6월 15일 3차 개헌을 통해 내각제를 권력구조로 한 개헌안을 통과시키고 제2공화국을 출범시켰다. 제2공화국은 행정부수반으로 국무총리를 두고 장면총리가 국정을 이끌었으며 국회의원 간선으로 뽑힌 윤보선을 제4대 대통령으로 선출, 상징적 국가원수로 삼았다.
 이승만 하야 후 대통령권한대행이 된 허정 외무장관을 수반으로 한 과도내각이 출범했으나 8월 19일 장면이 국무총리로 선출되면서 장면내각이 사실상 제2공화국을 대표하게 된다.

장면 총리의 민주당이 주도한 제2공화국은 1961년 5.16으로 무너질 때까지 불과 9개월여에 불과했다. 장면내각은 한강의 기적을 역설하면서 경제부흥에 눈을 돌렸고 경제제일주의를 역설했다.

그러나 장면 내각은 출범직후부터 정치적 불안정성에 시달렸다. 대통령제에서 내각제로 정부 형태가 바뀌었지만 내부적으로 신파와 구파라는 두 개의 계파가 '물과 기름'처럼 화합하지 못하고 갈등을 빚고 있었다. 신·구파의 갈등은 구파의 윤보선을 대통령으로 선출한 이후 윤보선이 구파 출신 김도연을 국무총리로 지

명했으나 1표 차이로 부결되고 신파수장 장면이 국무총리에 지명되면서 계파갈등은 최악으로 치달았다. 행정부 수반이 된 장면은 신파 중심으로 국무위원을 구성했고 구파는 이에 강하게 반발했다. 장면의 인사 전횡에 반발한 구파는 탈당. 신민당을 창당하면서 아예 갈라서게 됐고 이러한 집권세력 내분으로 인해 내각제하의 거대여당은 쪼개지면서 정치 불안과 혼란이 극심해졌다. 10개월 동안 세 차례나 개각을 해야 했고 정쟁은 끝없이 되풀이 됐다, 상징적 국가원수로 머물러야 할 윤보선은 직접 구파와 신민당의 입장을 대변하면서 장면 총리와 사사건건 대립·충돌하면서 국정갈등상황을 여과 없이 노출했다.

사회적으로는 온 나라가 시위공화국이었다. 4.19혁명이 촉발한 시위

의 자유는 하루에도 10여건의 시위가 벌어지면서 2공화국 내내 시위의 소용돌이에 빠졌다고 해도 과언이 아니다. 심지어 초등학생들이 교사의 전근을 반대하는 시위를 벌이기도 했고 국회의원에게 뺨을 얻어맞은 경찰이 시위를 벌이는 등 '데모만능' 시위천국이었다.

장면이 정권을 장악한 지 몇 달 후 실시한 여론조사에 의하면 응답자의 3.7%만 장면을 지지할 정도로 민심이반이 심각했다고 한다. (대한민국 만들기 그렉브라진스키)

장면내각 시기에 지하에 숨어든 공산주의 세력들이 적극적으로 활동하면서 남북학생회담 환영 궐기대회에서 "가자 북으로 오라 남으로"란 구호가 내걸리는 등 반공문제가 불거진 것도 정국혼란을 부추겼다.

결국 이런 장면내각의 총제적 정국불안이 이어지면서 박정희의 군사정변을 유발하는 결정적 요인이 됐다고 보는 것이 타당하다. 군사쿠데타가 언제나 정당화되는 것은 아니다. 그렇다고 해서 모든 군사쿠데타가 나쁜 것은 아니다. 고려시대에도 무신정변이 있었고 조선시대에도 무능한 문신들의 당파싸움에 분노한 무신들의 궐기가 있었다.

박정희의 군사정변을 합리화하려는 것은 아니다. 정치·경제·사회 그리고 북한의 위협 등 다각적인 혼란을 장면 정부가 수습하지 못한 채 민심이반이 극심해지는 등 정국혼란이 극대화되면서 자연스럽게 군사쿠데타를 촉발했다고 보는 것이 타당하다.

부록 2

새 공화국의 아침은 밝았다.

- 1963년 12월 17일 제5대 대통령 취임사 -

　단군성조가 천혜의 이 강토 위에 국기를 닦으신지 반만년, 연면히 이어온 역사와 전통위에 이에 새 공화국을 바로 세우면서 나는 국헌을 준수하고 나의 신명을 조국과 민족 앞에 바칠 것을 맹세하면서 겨레가 쌓은 이 성단에 서게 되었습니다.

　나는 오늘 영예로운 제3공화국의 대통령에 취임하면서 이 중대한 시기에 나를 대통령으로 선출해 주신 국민 여러분에게 감사드리며, 보람있는 이 날의 조국을 보전하기에 생명을 바치신 순국선열과 공산침략에서 나라를 지켜온 충용(忠勇)스러운 전몰장병, 그리고 독재에 항거하여 민주주의를 수호한 영웅적인 4월혁명의 영령 앞에 나의 이 모든 영광을 돌리고자 합니다.

　한편 나는 국내외로 매우 중요한 이 시기에 대통령의 중책을 맡게 됨에, 그 사명과 책무가 한없이 무거움을 깊이 통감하고, 자주와 자립의 번영의 내일로 향하는 민족의 우렁찬 전진의 대오 앞에 겨레의 충성스러운 공복이 될 것을 굳게 다짐하는 바입니다.

아세아의 동녘에 금수강산이라 불리우는 한반도에 선조의 거룩한 창국(創國)의 뜻을 받아, 찬란한 문화로 자라난 배달의 겨레가 오천년의 역사를 지켜 온 이 땅이 우리들의 조국입니다.

한 핏줄기 이 민족의 가슴 속에 붉은 피 용솟음치는 분발의 고동과 약진의 맥박은 결코 멈추지는 않았던 것입니다. 반세기의 고된 역경은 밟았으되, 일본제국주의에 항쟁한 3.1독립정신은 조국의 광복을 쟁취하였고, 투철한 반공의식은 6.25동란에서 공산침략을 분쇄하여 강토를 보위하였으며, 열화같은 민주적 신념은 사월혁명에서 독재를 물리쳐, 민주주의를 수호하였고, 이어 오월혁명으로 부패와 부정을 배격함으로써 민족정기를 되찾아, 오늘 여기에 우람한 새 공화국을 건설하기에 이른 것입니다.

그러나 오늘 우리가 당면한 현실은 결코 목적지 도달의 안도가 아니며 준험한 노정에의 새출발인 것입니다.

4월혁명으로부터 비롯되어 오월혁명을 거쳐 발전된 1960년대 우리 세대의 한국이 겪어야만 할 역사적 필연의 과제는 정치·경제·사회·문화 모든 분야에 걸쳐 조국의 근대화를 촉성하는 것이며 이를 위하여 우리는 조성된 계기를 일실함이 없이 성공적으로 이 과업을 성취시키는

데 범국민적인 노력이 있어야 할 것입니다.

이제 여기에 3.1정신을 받들어 4.19, 5.16의 혁명이념을 계승하고 당위적으로 제기된 바 민족적인 제과제를 수행할 것을 목표로 나는 오늘 이 뜻깊은 자리를 빌어 일대혁명운동을 제창하는 바이며, 아울러 이에 범국민적 혁명대열에의 적극적 호응과 열성적인 참여있기를 호소하는 바입니다.

인간사회에는 피땀 어린 노력의 지분없는 진보와 번영이란 존재하지 않는 것입니다.

격동하는 시대, 전환의 시점에 서서, 치욕과 후진의 굴레를 벗어나기 위해 오늘의 세대에 생존하는 우리들의 생명을 건 희생적 노력을 다하지 않는 한 내 조국, 내 민족의 역사를 뒤덮은 퇴영의 먹구름은 영원히 걷히지 않을 것입니다.

정치적 자주와 경제적 자립, 사회적 융화안정을 목표로 대혁신운동을 추진함에 있어서 우리는 먼저 개개인의 정신적 혁명을 전개하여야 하겠습니다. 국민은 한 개인으로부터 자주적 주체의식을 함양하여 자신의 운명을 스스로 개척한다는 자립, 자주의 정신을 확고히 하고 이 땅에 민주와 번영 복지사회를 건설하기에 민족적 주체성과 국민의 자발적 적극참여의 의식, 그리고 강인한 노력의 정신적 자세를 바로 잡아야 하겠습니다.

불의와의 타협을 배격하며 부정부패의 소인(素因)을 국민 스스로가 절개청산(切開淸算)해야 하겠습니다. 탁월한 지도자의 정치적 역량이

나 그의 유능한 정부라 할지라도 국민대중의 전진적 의욕과 건설적 협조 없이는 국가사회의 안정도 진보도 기대할 수 없는 것입니다.

　오늘의 시점에서 우리들의 최대의 적은 선거과정에서의 상대정적이나 대립정당도 아니며 바로 비협조와 파쟁으로 인한 정치적 사회적 불안정 그 자체인 것입니다.

　우리는 오늘 여기서 중단도 후퇴도 지체의 여유도 없습니다.

　새 공화국의 대통령으로서 나는 국민 앞에 군림하여 지배하려 함이 아니요 겨레의 충복으로 봉사하려는 것입니다.

오늘날의 민주주의는 선거에서 패배한 소수자의 의견을 존중하고 또 그를 보호하는 데 더욱 의의가 있는 것입니다. 선거에서 승리한 집권당이 평면적 종다수의결방식을 근거로 만능, 우월의식에서 독선과 횡포를 자행하며 소수의 의사를 유린할 때 이 나라 민주주의 전도에는 또 다른 비극의 씨가 배태될 것입니다. 또 일방 진부한 관록이나 허망한 권위의식에서 대국을 망각한 소아병적 도발로 정쟁을 벌이고 정국을 어지럽히며 사회를 혼란시킨다면 이 나라는 또 다시 역사의 뒤로 후퇴하는 슬픈 결말을 초래할 수밖에 없을 것입니다.

자제와 책임을 수반하는 민주적 정치질서를 확립해 가면서 대중의 이익에 벗어나는 시책이나 투명치 못한 정치적 처사에 대하여는 정당한 판단과 당당히 반대할 수 있는 자유가 최대한 보장되어야 할 것입니다.

민주정치는 몇 사람의 지도자나 특수계층의 교양에 의해 가능한 것이 아니라 개인의 자각과 책임 그리고 상호의 타협과 관용을 통한 사회적 안정 속에서 이루어지는 것입니다. 국민은 질서 속에서 설마, 정부로부터의 시혜를 기대하기에 앞서, 스스로의 의무를 다하며, 때늦은 후회 이전에 현명하고 용감하게 권리의 자위를 도모하기에 힘써야 하겠습니다. 또한 大局的 안목과 이성적 통찰로서 '草家三間의 燒失'을 초래하는 우를 범하는 일이 없어야 하겠습니다.

지금 우리는 조국의 근대화라는 막중한 과업을 앞에 두고 불화와 정쟁과 분열로 정체와 쇄잔을 되풀이할 것인가, 아니면 친화와 단합으로 민족적인 공동의 광장에서 새로 대오를 정비할 것인가의 기로에 선 것입니다.

오늘 역사적인 새 공화국 탄생의 성전에 임해 이날의 환희를 함께 하지 못하며 자칫 우리의 뇌리에서 소원해 가기 쉬운 북한 이천이백만 동포의 노예상태에 대해, 이 땅에서 자유를 향유하는 우리들의 경각을 높이고자 합니다.

본인과 새 정부는 안으로는 조속히 견실한 경제·사회적 토대를 이룩하고 현군사력의 유지와 발전을 포함한 단합된 민족의 힘을 결속할 것이며 밖으로는 '유우엔'과 자유우방 그리고 전 세계 자유애호 인민들과의 유대를 공고히 하여 여하한 상황과 조건하에서도 공산주의에 대항, 승리할 수 있는 민주적 역량과 민족진영의 내실을 기하여 우리의 숙원인 민족통일의 길로 매진할 것입니다.

나는 이 자리에서 우리가 당면한 현실적인 제 문제를 일일이 논급하지는 않겠습니다.
그러나 경제문제를 비롯한 난국타개의 숙제는 이미 공약을 통해 자청한 바 있으며 신정부는 이를 위하여 능률적 태도로서 문제해결에 임할 것입니다
시급한 민생문제의 해결, 그리고 민족자립의 지표가 될 경제개발오개년 계획의 합리적 추진은 중대한 국가적 과제로서 여야협조와 정부 국민간의 일치 단합된 노력으로서 그 성과를 기대할 수 있을 것입니다.

우리는 우리가 세운 목표를 향하여 인내와 자중으로 성실하고 근면하게 살아나가는 근로정신의 소박한 생활인으로 돌아가 항상 성급한 기대의 후면에는 허무한 낙망이 상접함을 명심하고 착실한 성장을 꾀하는 경제국민이 되어야 하겠습니다.

이제 여기에 우람한 새 공화국의 아침이 밝았습니다.

침체와 우울, 혼돈과 방황에서 우리 모든 국민은 결연히 벗어나 '생각하는 국민' '일하는 국민' '협조하는 국민'으로 재기합시다.

새로운 정신, 새로운 자세로서 희망에 찬 우리의 새 역사를 창조해 나갑시다.

거대한 뿌리, 구미

2025년 6월 20일 초판 1쇄 발행

지은이 | 서명수
발행인 | 서명수
발행처 | 서고
주　소 | (36744)경상북도 안동시 공단로 48
전　화 | 054-856-2177
E-mail | diderot@naver.com
가　격 | 15,000원
ISBN | 979-11-991080-0-4 (03980)

* 이 책은 저작권법에 따라 보호를 받는 저작물이므로 무단전제와 복제를 금합니다.
* 이 책의 내용 전부 또는 일부를 사용하려면 반드시 저작권자의 동의를 받아야 합니다.